Diseño funcional y de la interactividad de productos multimedia

Elsa Rubio Duce

ic editorial

Diseño funcional y de la interactividad de productos multimedia

1ª Edición

Editado por: IC Editorial
c/ Cueva de Viera, 2, Local 3
Centro Negocios CADI
29200 Antequera (Málaga)
Teléfono: 952 70 60 04
Fax: 952 84 55 03
Correo electrónico: iceditorial@iceditorial.com
Internet: www.iceditorial.com

ISBN: 978-84-1184-658-5
Depósito Legal: MA-390-2025

Impresión: PODiPrint
Impreso en Andalucía – España

Nota de la editorial: IC Editorial pertenece a Innovación y Cualificación S. L.

Presentación del manual

El **Certificado de Profesionalidad** es el instrumento de acreditación, en el ámbito de la Administración laboral, de las cualificaciones profesionales del Catálogo Nacional de Cualificaciones Profesionales adquiridas a través de procesos formativos o del proceso de reconocimiento de la experiencia laboral y de vías no formales de formación.

El elemento mínimo acreditable es la **Unidad de Competencia.** La suma de las acreditaciones de las unidades de competencia conforma la acreditación de la competencia general.

Una **Unidad de Competencia** se define como una agrupación de tareas productivas específica que realiza el profesional. Las diferentes unidades de competencia de un certificado de profesionalidad conforman la **Competencia General,** definiendo el conjunto de conocimientos y capacidades que permiten el ejercicio de una actividad profesional determinada.

Cada **Unidad de Competencia** lleva asociado un **Módulo Formativo,** donde se describe la formación necesaria para adquirir esa **Unidad de Competencia,** pudiendo dividirse en **Unidades Formativas.**

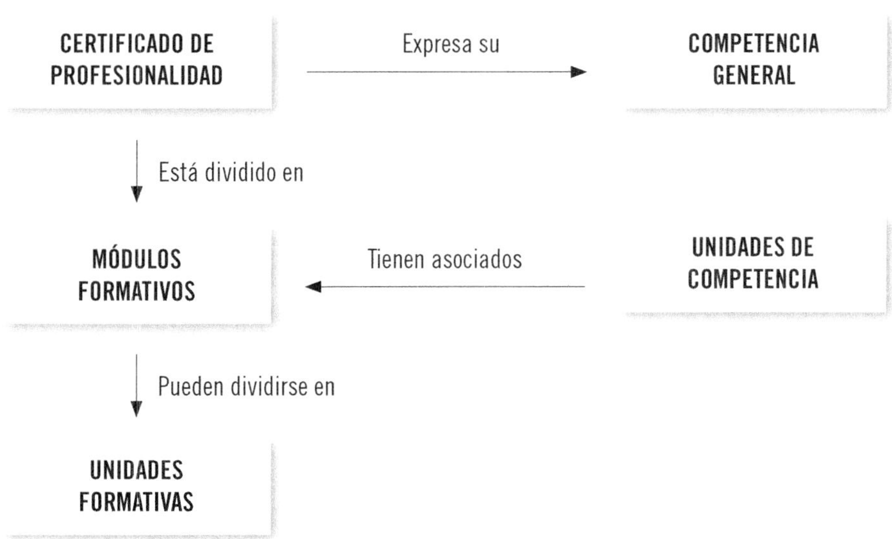

El presente manual desarrolla la Unidad Formativa **UF1584: Diseño funcional y de la interactividad de productos multimedia,**

perteneciente al Módulo Formativo **MF0936_3: Diseño de productos editoriales multimedia,**

asociado a la unidad de competencia **UC0936_3: Diseñar el producto editorial multimedia,**

del Certificado de Profesionalidad **Desarrollo de productos editoriales multimedia.**

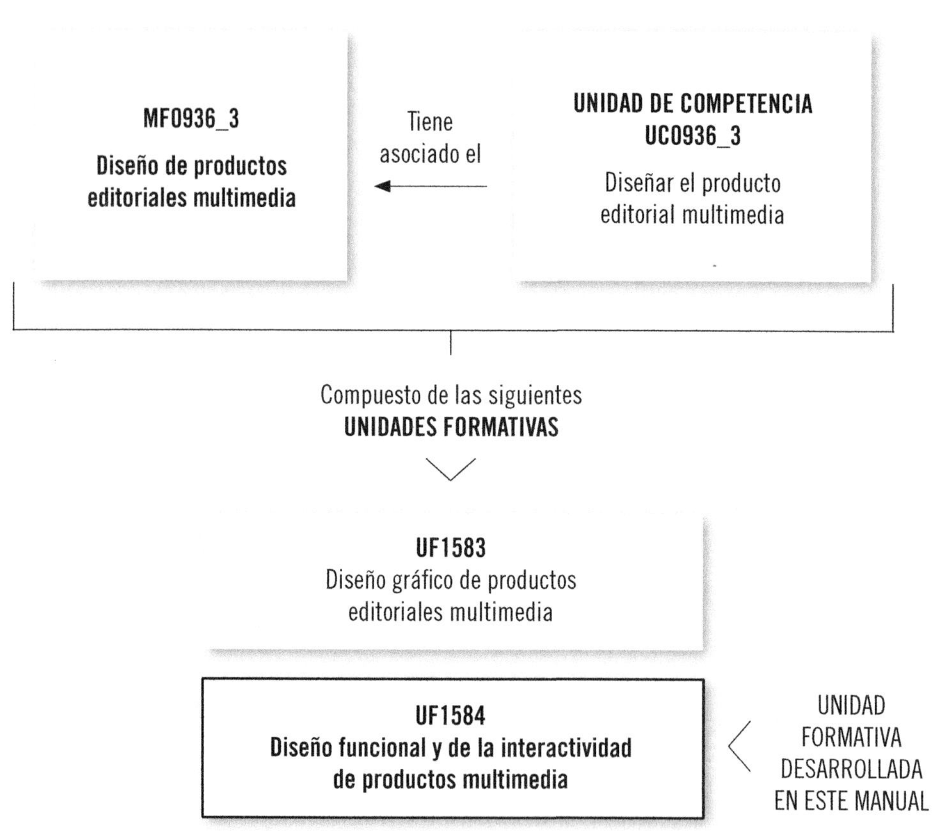

FICHA DE CERTIFICADO DE PROFESIONALIDAD

(ARGN0110) DESARROLLO DE PRODUCTOS EDITORIALES MULTIMEDIA (R. D. 1520/2011, de 31 de octubre)

COMPETENCIA GENERAL: Desarrollar productos multimedia a partir de proyectos editoriales, destinados a entornos web o a soportes físicos digitales; determinando los aspectos de funcionalidad, interacción y usabilidad, definiendo su arquitectura, realizando el diseño de los elementos gráficos y multimedia necesarios para obtener el producto, gestionando y controlando la calidad del producto editorial multimedia.

Cualificación profesional de referencia	Unidades de competencia		Ocupaciones o puestos de trabajo relacionados:
ARG293_3 DESARROLLO DE PRODUCTOS EDITORIALES MULTIMEDIA (R. D. 1135/2007, de 31 de agosto)	UC0935_3	Determinar las especificaciones de proyectos editoriales multimedia	• Técnico de diseño multimedia • Técnico de proyectos editoriales multimedia • Técnico en producción multimedia • Diseñador de productos editoriales multimedia • Asistente al consultor en publicación multimedia • Maquetista de proyectos multimedia.
	UC0936_3	Diseñar el producto editorial multimedia	
	UC0937_3	Generar y publicar productos editoriales multimedia	
	UC0938_3	Gestionar y controlar la calidad del producto editorial multimedia	

Correspondencia con el Catálogo Modular de Formación Profesional

Módulos certificado	Unidades formativas	Horas
MF0935_3: Proyectos de productos editoriales multimedia		90
MF0936_3: Diseño de productos editoriales multimedia	UF1583: Diseño gráfico de productos editoriales multimedia	60
	UF1584: Diseño funcional y de la interactividad de productos multimedia	50
MF0937_3: Implementación y publicación de productos editoriales multimedia	UF1585: Desarrollo de prototipos de productos editoriales multimedia	80
	UF1586: Integración de la funcionalidad en productos multimedia	90
	UF1587: Publicación de productos editoriales multimedia	40
MF0938_3: Gestión de la calidad de productos editoriales multimedia		80
MF0341: Módulo de prácticas profesionales no laborales		80

Índice

Capítulo 3
Integración de elementos multimedia en las pantallas

Capítulo 4
Desarrollo de bocetos/esquemas para diseño multimedia

Capítulo 5
Derechos legales de uso de contenidos multimedia

Capítulo 1

Arquitecturas de productos editoriales multimedia

Contenido

1. Introducción

En el contexto de la transformación digital, los productos editoriales han evolucionado hacia formatos que integran texto, imagen, sonido, vídeo y elementos interactivos, conocidos como productos editoriales multimedia. Estos productos no solo han de tener un contenido atractivo, sino también una arquitectura robusta que permita su correcta organización, distribución y accesibilidad en diversas plataformas.

La arquitectura de un producto editorial multimedia se refiere a la estructura subyacente que organiza y conecta los diferentes componentes multimedia de manera coherente. Esta estructura no solo facilita la experiencia del usuario, sino que también optimiza los procesos de producción y distribución. En un entorno donde la diversidad de dispositivos y formatos es cada vez mayor, la arquitectura debe ser flexible y adaptable, debe permitir que el producto funcione de manera eficiente en un ordenador, un *smartphone* o una *tablet,* por ejemplo.

En España, el avance de la tecnología y la creciente demanda de contenido digitalizado han llevado a una mayor complejidad en la creación de estos productos. La integración de datos, la selección de *software* adecuado y la utilización de plataformas compatibles son elementos que influyen directamente en la calidad del producto final. Además, los estándares internacionales de arquitectura y las normativas locales deben ser considerados para asegurar la interoperabilidad y seguridad de los productos.

El desarrollo de productos editoriales multimedia exige una comprensión profunda de la estructura de la información y de los sistemas que la soportan. Esto implica conocimientos técnicos y una visión estratégica para seleccionar las herramientas y metodologías más adecuadas, considerando tanto las necesidades del usuario final como las posibilidades tecnológicas disponibles en el mercado.

2. Definición de arquitectura de un producto editorial multimedia

La arquitectura de un producto editorial multimedia es un elemento fundamental que define cómo se organiza, presenta e integra la información en diferentes medios y plataformas. En la era digital actual, cuando los usuarios consumen contenidos a través de una variedad de dispositivos como ordenadores, tabletas y *smartphones,* es esencial que la arquitectura esté diseñada de manera que garantice una experiencia de usuario coherente, accesible y atractiva.

Un aspecto clave de esta arquitectura es la **estructura de la información,** que determina cómo se organiza y navega por el contenido. Por ejemplo, en una aplicación móvil destinada a ofrecer noticias deportivas en tiempo real, la información debe estar organizada de manera intuitiva que permita a los usuarios acceder rápidamente a los resultados de los partidos, análisis en profundidad y vídeos destacados. Una estructura bien diseñada facilita que los usuarios encuentren la información que buscan sin tener que lidiar con menús complicados o secciones desordenadas. Además, permite la integración de contenido adicional, como estadísticas en vivo o entrevistas, que enriquecen la experiencia del usuario.

La **selección de tecnologías** que soportan el producto es otro componente esencial de la arquitectura. Un ejemplo relevante en el contexto de productos editoriales sería el desarrollo de una plataforma educativa interactiva destinada a estudiantes de secundaria. Esta plataforma combina lecciones en vídeo, ejercicios interactivos y foros de discusión. La arquitectura de esta plataforma debe organizar de manera eficaz todo el contenido, que los estudiantes puedan acceder fácilmente a las lecciones, realicen actividades prácticas y participen en debates en línea. El sistema debe ser capaz de integrar diferentes tipos de contenido multimedia, adaptarse a varios dispositivos y soportar la interactividad en tiempo real. Por ejemplo, la plataforma podría incluir simulaciones interactivas de experimentos científicos, y los estudiantes puedan manipular variables y observar los resultados directamente en la pantalla. Esta arquitectura debe ser técnicamente sólida, intuitiva y atractiva, para mantener el interés de los estudiantes y facilitar su aprendizaje.

La **interactividad** es otro elemento fundamental en la arquitectura de productos multimedia. Por ejemplo, una revista digital de decoración del hogar que permita a los usuarios interactuar con los contenidos de manera personalizada: los lectores podrían arrastrar y soltar diferentes elementos de mobiliario en una habitación virtual para visualizar cómo quedarían en su propio espacio. Esta capacidad de interactuar con el contenido hace que la experiencia sea más atractiva y añade un valor práctico al producto, convirtiéndolo en una herramienta útil además de un simple medio de información.

En comparación con otras arquitecturas, como las de *software* o *hardware,* puramente técnicas, la arquitectura de un producto editorial multimedia debe considerar tanto los aspectos técnicos como los creativos. Por ejemplo, una plataforma educativa diseñada para enseñar historia a estudiantes de secundaria debe no solo funcionar de manera eficiente, sino también presentar el contenido de forma atractiva y pedagógicamente adecuada. Esto podría implicar la utilización de mapas interactivos, líneas de tiempo visuales y cuestionarios que se adapten al ritmo de aprendizaje del usuario. De esta manera, la arquitectura debe soportar un diseño que combine funcionalidad con un enfoque educativo, para hacer el contenido accesible, interesante y adecuado al público objetivo.

Nota

En el contexto de España, es fundamental entender y aplicar una arquitectura adecuada para competir en un mercado cada vez más diverso y exigente. Además, es importante considerar la normativa más reciente, como la Ley Orgánica 3/2018 de Protección de Datos Personales y garantía de los derechos digitales (LOPDGDD), y las actualizaciones introducidas en 2023, que refuerzan la protección de datos y los derechos digitales, especialmente en entornos educativos y laborales.

3. Estructura de los datos y de la información a tratar

Comprender y aplicar correctamente la estructura de los datos y la información en los diferentes tipos de proyectos multimedia es fundamental para el éxito de un producto editorial. A través del uso de herramientas específicas y el diseño de estructuras bien organizadas, es posible crear productos multimedia que sean tanto funcionales como atractivos para los usuarios.

3.1. Proyectos lineales y multimedia de baja complejidad

Los proyectos lineales y de baja complejidad, como las presentaciones en *PowerPoint* o los *e-books* sencillos, siguen una secuencia predefinida de principio a fin. En este tipo de proyectos, la estructura de los datos es sencilla y generalmente jerárquica. Por ejemplo, en un *e-book* sobre historia de España, los capítulos se organizan de manera cronológica y cada capítulo se subdivide en secciones que cubren eventos históricos específicos.

Para gestionar este tipo de proyectos, se recomienda utilizar herramientas como *Microsoft Word* para la redacción y *Adobe InDesign* para el diseño y maquetación, lo que asegura que el contenido esté bien organizado y sea fácil de seguir. Además, la herramienta *Calibre* puede ser útil para convertir el *e-book* a diferentes formatos, como EPUB o MOBI, para distribuirlo en diversas plataformas.

3.2. Proyectos multimedia complejos

Los proyectos multimedia complejos, como los cursos *online* con múltiples módulos interactivos, requieren de una estructura más sofisticada que integre texto, audio, vídeo y elementos interactivos. En este caso, es fundamental utilizar un sistema de gestión de contenidos (CMS) que permita organizar y acceder a los diferentes tipos de datos de manera coherente.

Ejemplo

Un curso *online* sobre diseño gráfico podría incluir vídeos tutoriales, ejercicios prácticos en *software* como *Adobe Illustrator* y foros de discusión. La plataforma *Moodle* es una herramienta eficaz para gestionar este tipo de proyectos, ya que permite organizar el contenido en módulos, evaluar a los estudiantes y ofrecer recursos interactivos.

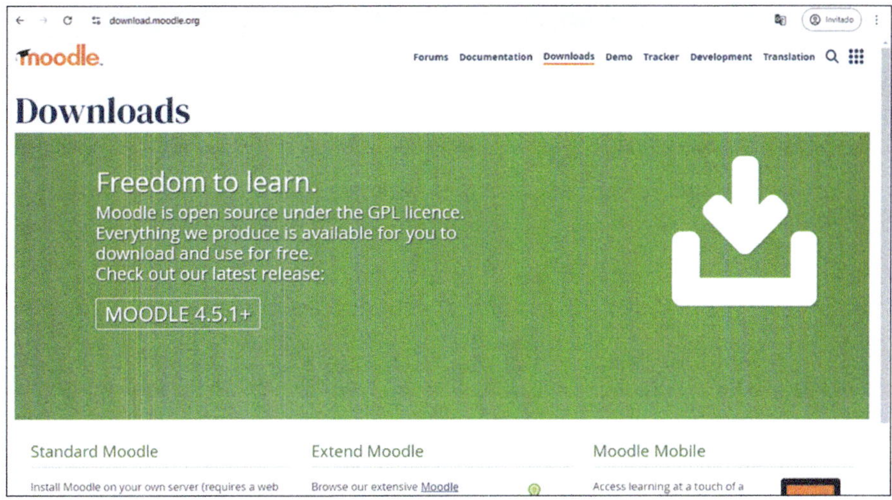

Página de descarga de Moodle 4.4.1+ (<https://download.moodle.org/>)

3.3. Proyectos *online* y *offline*

Los proyectos que deben estar disponibles tanto *online* como *offline,* como una revista digital que los usuarios puedan descargar y leer sin conexión, requieren de una estructura que permita la sincronización y actualización de datos en ambos modos. Por ejemplo, una revista de moda podría ofrecer su contenido en una *app* móvil que descargue automáticamente nuevas ediciones cuando el dispositivo esté conectado a internet.

Para estos proyectos, se puede utilizar una combinación de herramientas. *WordPress* es útil para gestionar el contenido en línea, mientras que *Adobe AIR* o *Apache Cordova* pueden emplearse para desarrollar aplicaciones que funcionen tanto en línea como sin conexión. Estas aplicaciones permiten a los usuarios acceder al contenido descargado sin necesidad de estar conectados a internet.

3.4. Proyectos interactivos

Los proyectos interactivos, como las enciclopedias digitales o los juegos educativos, requieren de una estructura que permita la interacción del usuario con el contenido en tiempo real. Por ejemplo, una enciclopedia digital de ciencia podría permitir a los usuarios explorar temas a través de simulaciones interactivas y cuestionarios.

Para desarrollar estos proyectos, se recomienda el uso de herramientas como *Unity* para crear entornos interactivos en 3D y *Articulate Storyline* para desarrollar contenidos educativos que incluyan cuestionarios, vídeos y escenarios interactivos. Además, JavaScript y HTML5 pueden ser empleados para crear interfaces de usuario que respondan de manera dinámica a las acciones del usuario.

3.5. Proyectos para plataformas móviles

Los proyectos diseñados específicamente para plataformas móviles, como aplicaciones de noticias o juegos educativos, requieren de una estructura que tenga en cuenta las limitaciones de pantalla, la capacidad de procesamiento y la conectividad móvil. Un ejemplo sería una aplicación de noticias que ofrezca alertas en tiempo real, artículos personalizados y vídeos.

Para estos proyectos, es esencial utilizar herramientas que optimicen el rendimiento en dispositivos móviles. *Flutter* y *React Native* son *frameworks* populares que permiten desarrollar aplicaciones móviles con un alto rendimiento y una interfaz de usuario fluida. Estas herramientas también facilitan la creación de aplicaciones que funcionen tanto en *Android* como en *iOS,* asegurando una experiencia de usuario consistente en diferentes dispositivos.

Aplicación práctica

Es la persona encargada de diseñar la estructura de datos para varios proyectos editoriales multimedia de una empresa que busca lanzar productos en diferentes formatos. Su tarea es seleccionar la estructura de datos y las herramientas más apropiadas para cada proyecto, justificando su elección.

Continúa en página siguiente >>

<< Viene de página anterior

- **Un curso *online* sobre programación web que incluirá módulos interactivos, vídeos tutoriales, ejercicios prácticos y un foro de discusión.**
- **Una enciclopedia digital de historia que permita a los usuarios explorar temas a través de simulaciones interactivas y cuestionarios.**
- **Una revista de moda que los usuarios puedan descargar y leer tanto *online* como *offline* desde una app móvil.**

Para cada uno de los proyectos mencionados, ¿qué tipo de estructura de datos y herramientas recomendaría utilizar? Explique cómo estas elecciones asegurarán que el proyecto sea funcional, atractivo y cumpla con los requisitos específicos de cada caso.

SOLUCIÓN

Curso *online* sobre programación web: para este proyecto multimedia complejo se recomienda utilizar una estructura basada en un sistema de gestión de contenidos (CMS) como *Moodle*. *Moodle* permite organizar los módulos interactivos, alojar vídeos tutoriales, gestionar ejercicios prácticos y moderar foros de discusión. Está diseñado específicamente para la gestión de cursos en línea. Permite una fácil organización y acceso a diferentes tipos de contenidos, asegurando una experiencia educativa completa y coherente.

Enciclopedia digital de historia: para un proyecto interactivo como este, se sugiere utilizar *Unity* para desarrollar las simulaciones interactivas en 3D y *Articulate Storyline* para crear los cuestionarios y escenarios interactivos. *Unity* proporciona un entorno potente para crear experiencias interactivas ricas, mientras que *Articulate Storyline* es ideal para desarrollar contenidos educativos con un enfoque en la interactividad, de modo que los usuarios puedan explorar el contenido de manera dinámica y educativa.

Revista de moda para leer *online* y *offline:* para gestionar el contenido en línea, *WordPress* es una opción adecuada. Para el desarrollo de la *app* móvil que funcione tanto *online* como *offline*, *Adobe AIR* o *Apache Cordova* serían herramientas recomendables. *WordPress* facilita la publicación y actualización del contenido en línea, mientras que *Adobe AIR* o *Apache Cordova* permiten crear aplicaciones que sincronizan contenido automáticamente cuando hay conexión. De este modo los usuarios pueden acceder a las ediciones descargadas incluso sin conexión a internet.

4. Estructura y selección de *software* a utilizar

La selección y estructura del *software* que se va a utilizar en proyectos editoriales multimedia es un paso fundamental para confirmar que el producto final sea funcional, eficiente y fácil de mantener. La elección del *software* adecuado dependerá del tipo de proyecto, las necesidades específicas del equipo de desarrollo y el presupuesto disponible. En esta sección se explorarán dos categorías principales de *software:* el ***software* propietario** y el ***software* libre** o **de código abierto.**

4.1. *Software* propietario

El *software* propietario se refiere a aquellas aplicaciones cuyo código fuente no está disponible para el público. Generalmente es necesario adquirir una licencia para su uso. Este tipo de *software* es desarrollado y mantenido por empresas privadas, que ofrecen soporte técnico y actualizaciones periódicas.

Un ejemplo relevante en el ámbito de la edición multimedia es *Adobe Creative Cloud,* que incluye aplicaciones como *Photoshop, Illustrator* y *Premiere Pro.* Estas herramientas son ampliamente utilizadas en la industria editorial para la edición de imágenes, el diseño gráfico y la producción de vídeos.

Ejemplo

En un proyecto de creación de una revista digital, *InDesign* se utilizaría para el diseño de las páginas, mientras que *Photoshop* permitiría retocar las imágenes que acompañan a los artículos.

Otra herramienta propietaria utilizada en la producción multimedia es *Final Cut Pro,* un *software* de edición de vídeo exclusivo para *macOS.* Es especialmente útil para proyectos que requieren de una edición de vídeo profesional, como documentales o vídeos promocionales. *Final Cut Pro* ofrece una interfaz intuitiva y una amplia gama de efectos y transiciones que facilitan la creación de contenidos visualmente impactantes.

El *software* propietario también incluye sistemas de gestión de contenido (CMS) como *Adobe Experience Manager* o *Sitecore,* que son utilizados por grandes empresas para gestionar sitios web complejos que integren múltiples tipos de contenido multimedia. Estos CMS permiten personalizar la experiencia del usuario en función de sus interacciones previas, lo que es especialmente valioso en proyectos que buscan mejorar la retención de audiencia.

4.2. *Freeware, software* de código abierto

El *software* libre o de código abierto ofrece una alternativa a las herramientas propietarias. Permiten a los usuarios acceder al código fuente y modificarlo según sus necesidades. Este tipo de *software* es especialmente útil para equipos con presupuestos limitados o que requieren de una mayor flexibilidad en sus proyectos.

Una herramienta ampliamente utilizada en la edición multimedia es *GIMP (GNU Image Manipulation Program),* que ofrece muchas de las funcionalidades de *Photoshop* de forma gratuita. *GIMP* es ideal para proyectos de diseño gráfico y edición de imágenes en los que se necesita una herramienta potente pero no se dispone de recursos para adquirir *software* propietario. Por ejemplo, en un proyecto de diseño web, *GIMP* puede ser utilizado para crear y optimizar gráficos que luego se integrarán en el sitio.

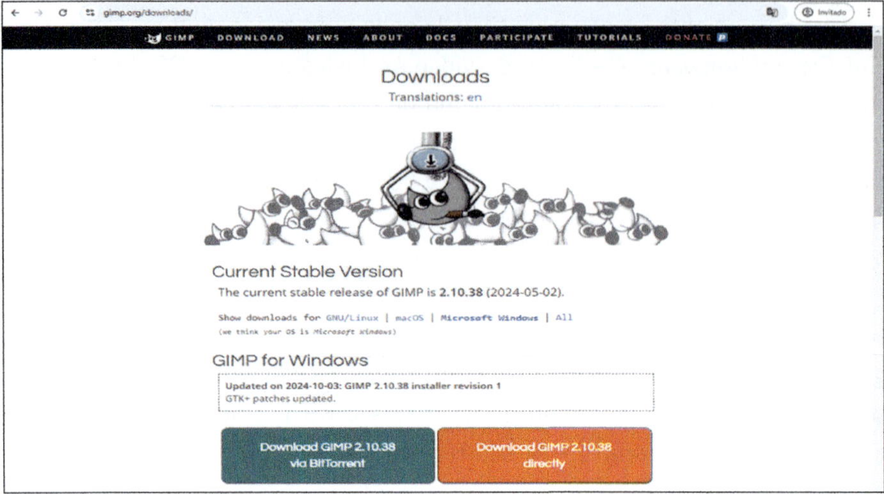

Sitio web de descarga de GIMP 2.10.38 (<https://www.gimp.org/downloads/>)

Para la edición de vídeo, *DaVinci Resolve* es una excelente opción de *software* de código abierto. Ofrece una versión gratuita que incluye potentes herramientas de edición, corrección de color y postproducción de audio. Es utilizado tanto por aficionados como por profesionales en proyectos que van desde cortometrajes hasta vídeos corporativos.

En cuanto a la gestión de contenido, *WordPress* es el CMS de código abierto más popular del mundo. Permite a los usuarios crear y gestionar sitios web con facilidad, utilizando una amplia variedad de *plugins* y temas para personalizar el sitio según las necesidades del proyecto.

Ejemplo

En la creación de un blog o una revista *online*, *WordPress* ofrece la flexibilidad necesaria para gestionar y publicar contenido de manera eficiente, sin necesidad de conocimientos avanzados de programación.

5. Tipología y descripción de los equipos de producción y de usuario

La tipología y descripción de los equipos de producción y de usuario es fundamental para la correcta ejecución de proyectos multimedia. Comprender las características de los equipos adecuados para cada tipo de proyecto permite optimizar tanto el proceso de producción como la experiencia del usuario final.

5.1. Proyectos lineales y multimedia de baja complejidad

Los proyectos lineales y de baja complejidad, como presentaciones en *PowerPoint,* vídeos sencillos o documentos digitales, requieren de equipos básicos que permitan la creación y edición de contenido de manera eficiente. En este caso, un ordenador portátil o de sobremesa con especificaciones moderadas es suficiente. Por ejemplo, un ordenador con un procesador Intel Core i5, 8 GB de RAM y una tarjeta gráfica integrada puede manejar programas como *Microsoft Office* o *Canva* para la creación de presentaciones visuales o *Windows Movie Maker* para la edición básica de vídeo.

5.2. Proyectos multimedia complejos

Para proyectos multimedia más complejos, como la producción de cursos *online* con vídeos, gráficos avanzados y animaciones, es preciso un equipo de mayor rendimiento. Un ordenador con un procesador Intel Core i7 o AMD Ryzen 7, 16 GB de RAM y una tarjeta gráfica dedicada como la NVIDIA GeForce GTX o RTX es ideal. Algunas herramientas, como *Adobe Premiere Pro* para la edición de vídeo, *Adobe After Effects* para animaciones y *Blender* para modelado 3D, pueden ser utilizadas en estos equipos. Además, es recomendable utilizar un monitor de alta resolución para trabajar con precisión en los detalles visuales.

5.3. Proyectos *online y offline*

Los proyectos que deben funcionar tanto *online* como *offline,* como aplicaciones híbridas o contenido multimedia que se distribuya en línea y puede descargarse para uso sin conexión, requieren de equipos que permitan pruebas exhaustivas en diferentes entornos. Para este tipo de proyectos, un equipo de desarrollo debe incluir ordenadores con acceso a diferentes conexiones de red, así como dispositivos móviles para pruebas. Por ejemplo, *Apache Cordova* es una herramienta que permite desarrollar aplicaciones móviles híbridas que funcionan tanto *online* como *offline,* mientras que *MAMP* o *XAMPP* pueden utilizarse para simular servidores locales y realizar pruebas de sitios web sin conexión.

5.4. Proyectos interactivos

En proyectos interactivos, como videojuegos educativos o simulaciones interactivas, es necesario contar con equipos de alto rendimiento que puedan manejar gráficos complejos y cálculos en tiempo real. Un ordenador con un procesador de alta gama, 32 GB de RAM y una tarjeta gráfica potente como la NVIDIA RTX es recomendable. Además, algunos periféricos, como tabletas gráficas, controladores de juego y monitores de alta tasa de refresco, pueden mejorar la creación y prueba de interactividad. Ciertas herramientas, como *Unity* o *Unreal Engine,* son fundamentales para el desarrollo de estos proyectos, ya que permiten crear entornos 3D interactivos y simulaciones en tiempo real.

5.5. Proyectos para plataformas móviles

Para proyectos destinados a plataformas móviles, como aplicaciones o juegos para *smartphones* y *tablets,* se requieren equipos que permitan desarrollar y probar en diferentes sistemas operativos móviles. Es importante disponer de dispositivos *Android* e *iOS* para realizar pruebas directas. Un ordenador con un procesador Intel Core i7, 16 GB de RAM y la capacidad de ejecutar emuladores es adecuado para el desarrollo con herramientas como *Android Studio* para *Android* o *Xcode* para *iOS.* Además, algunas herramientas de desarrollo multiplataforma, como *Flutter* o *React Native,* permiten crear aplicaciones que funcionen en ambos sistemas operativos.

5.6. Proyectos para pantallas táctiles

Los proyectos diseñados para pantallas táctiles, como kioscos interactivos o aplicaciones educativas para *tablets,* requieren de equipos que soporten interfaces táctiles y permitan una interacción fluida. Para el desarrollo de estos proyectos, es esencial contar con dispositivos táctiles como *tablets* o monitores táctiles conectados a un ordenador potente. Por ejemplo, un iPad Pro puede ser utilizado para probar aplicaciones desarrolladas en *Swift* a través de *Xcode,* mientras que un monitor táctil conectado a un PC puede utilizarse para desarrollar y probar interfaces de usuario interactivas con *Adobe XD* o *Sketch.*

Aplicación práctica

Es responsable de coordinar el equipo de desarrollo para varios proyectos multimedia en una empresa de tecnología. Cada proyecto tiene requisitos específicos en cuanto al equipo de producción necesario para garantizar un proceso de desarrollo eficiente y la mejor experiencia de usuario final. Su tarea es asignar el equipo adecuado para cada uno, justificando su elección con base en las características de los proyectos y la información proporcionada.

- **Un curso online de alta interactividad que incluye vídeos, animaciones avanzadas y simulaciones 3D.**
- **Una aplicación híbrida que debe funcionar tanto en línea como sin conexión y que estará disponible en múltiples plataformas móviles.**
- **Un juego educativo diseñado para *tablets* que utiliza gráficos complejos y una interfaz táctil intuitiva.**

SOLUCIÓN

Curso *online* de alta interactividad: un ordenador de alto rendimiento con un procesador Intel Core i7 o AMD Ryzen 7, 32 GB de RAM y una tarjeta gráfica potente como la NVIDIA RTX. Además, un monitor de alta resolución y periféricos como una tableta gráfica. Este equipo permite manejar gráficos complejos, cálculos en tiempo real y tareas de edición avanzadas. Algunas herramientas, como *Adobe Premiere Pro, After Effects* y *Blender* pueden

Continúa en página siguiente >>

<< Viene de página anterior

aprovechar estas especificaciones para crear vídeos, animaciones y simulaciones 3D con alta calidad y precisión.

Aplicación híbrida: ordenadores con procesadores Intel Core i7, 16 GB de RAM, capacidad para ejecutar emuladores y dispositivos móviles con diferentes sistemas operativos (*Android* e *iOS*) para pruebas. Este equipo es ideal para desarrollar y probar aplicaciones híbridas en múltiples plataformas. Algunas herramientas, como *Android Studio*, *Xcode* y *Apache Cordova*, permitirán crear y depurar aplicaciones que funcionen tanto *online* como *offline*, asegurando su correcto funcionamiento en diversos entornos.

Juego educativo para *tablets*: un ordenador potente con un procesador de alta gama, 16 GB de RAM, tarjeta gráfica dedicada y dispositivos táctiles como *tablets* para pruebas. La potencia del ordenador y la tarjeta gráfica dedicada son necesarias para manejar los gráficos complejos del juego, mientras que los dispositivos táctiles aseguran que la interfaz y la interacción táctil sean optimizadas y probadas en condiciones reales. Ciertas herramientas, como *Unity*, y periféricos táctiles permiten un desarrollo fluido y pruebas efectivas.

---

6. Clasificación del producto por su entorno de utilización, tecnológico y de consumo

La clasificación de un producto editorial multimedia por su entorno de utilización, tecnológico y de consumo permite entender mejor cómo y dónde se utilizará ese producto, optimizando así su diseño y desarrollo. Esta clasificación abarca desde dispositivos físicos como CD-ROM y videoconsolas, hasta entornos virtuales como internet o intranets corporativas.

6.1. Monopuesto (CD-ROM, DVD, USB, HD móvil, etc.)

Los productos editoriales multimedia destinados a un entorno monopuesto, como CD-ROM, DVD o unidades USB, suelen ser diseñados para funcionar en un solo dispositivo sin necesidad de conexión a internet. Un ejemplo típico es un curso de idiomas interactivo distribuido en DVD, que incluye vídeos, ejercicios y juegos educativos. Para desarrollar estos productos, herramientas como *Adobe Director* (aunque ya en desuso, sigue siendo un ejemplo histórico) o

Autoplay Media Studio permiten crear menús interactivos y empaquetar contenido multimedia de manera que se ejecute automáticamente al insertar el disco o la unidad en el dispositivo.

En el contexto actual, el uso de USB y discos duros externos es más común. Estos dispositivos permiten almacenar grandes cantidades de datos y multimedia, por lo que herramientas como *Rufus* para crear unidades USB autoarrancables o *HandBrake* para comprimir y convertir vídeos en formatos adecuados para almacenamiento portátil son útiles en la preparación de estos productos.

6.2. En red (intranet, internet)

Los productos diseñados para su uso en red, como las aplicaciones web y los sistemas distribuidos en intranets requieren de una arquitectura que soporte que múltiples usuarios accedan simultáneamente desde diferentes ubicaciones. Por ejemplo, un portal de formación corporativa accesible a través de una intranet necesita de un sistema de gestión de aprendizaje (LMS) robusto como *Moodle* o *Canvas*. Estas plataformas permiten gestionar cursos, evaluaciones y recursos educativos, asegurando que el contenido sea accesible a todos los empleados dentro de la red corporativa.

Para productos destinados a internet, como revistas digitales o plataformas de noticias, *WordPress* o *Joomla* son herramientas eficaces que permiten gestionar grandes volúmenes de contenido y asegurar que este esté disponible para una audiencia global. Para la optimización de estos productos para la web se requieren conocimientos de SEO y el uso de herramientas como *Google Analytics* para monitorizar el tráfico y ajustar el contenido según las necesidades del público.

6.3. Computadora / ordenador estacionario o portátil

Los productos diseñados específicamente para ordenadores, ya sean de escritorio o portátiles, suelen estar orientados a usuarios que necesitan acceder a contenidos más complejos o realizar tareas de edición y creación multimedia. Por ejemplo, el *software* educativo que combina lecciones interactivas y ejercicios prácticos suele ser utilizado en ordenadores con configuraciones de *hardware* que soporten aplicaciones como *AutoCAD* para diseño técnico o *Adobe Premiere Pro* para edición de vídeo.

El desarrollo de estos productos puede beneficiarse del uso de entornos de desarrollo integrados (IDE) como *Visual Studio* para aplicaciones de *Windows* o *Xcode* para *macOS*. Estos entornos permiten a los desarrolladores crear, probar y optimizar aplicaciones que aprovechen al máximo las capacidades de los ordenadores modernos.

6.4. Móvil / PDA / *smartphone* / pantalla táctil

Los productos diseñados para dispositivos móviles, como *smartphones* o *tablets*, requieren una adaptación específica a las pantallas táctiles y a la interfaz de usuario móvil.

Ejemplo

Un ejemplo es una aplicación de noticias desarrollada para smartphones que ofrece actualizaciones en tiempo real y permite la personalización del contenido.

Flutter y *React Native* son *frameworks* de desarrollo que permiten crear aplicaciones móviles nativas para *Android* e *iOS* a partir de un solo código base, optimizando así el proceso de desarrollo.

Además, es importante considerar el rendimiento y la optimización del uso de datos en estos productos, utilizando herramientas como *Android Studio* y *Xcode* para realizar pruebas de rendimiento y asegurar que las aplicaciones funcionen sin problemas en una variedad de dispositivos móviles.

6.5. Lector de libro digital

Los productos editoriales diseñados para lectores de libros digitales, como el Kindle de Amazon, requieren de una estructura y un formato específicos que optimicen la legibilidad en pantallas de tinta electrónica. Un ejemplo común es la conversión de un libro impreso a formato EPUB o MOBI para su distribución en plataformas de lectura digital. *Calibre* es una herramienta que permite convertir y gestionar estos archivos, asegurando que el texto y las imágenes se muestren correctamente en diferentes dispositivos de lectura.

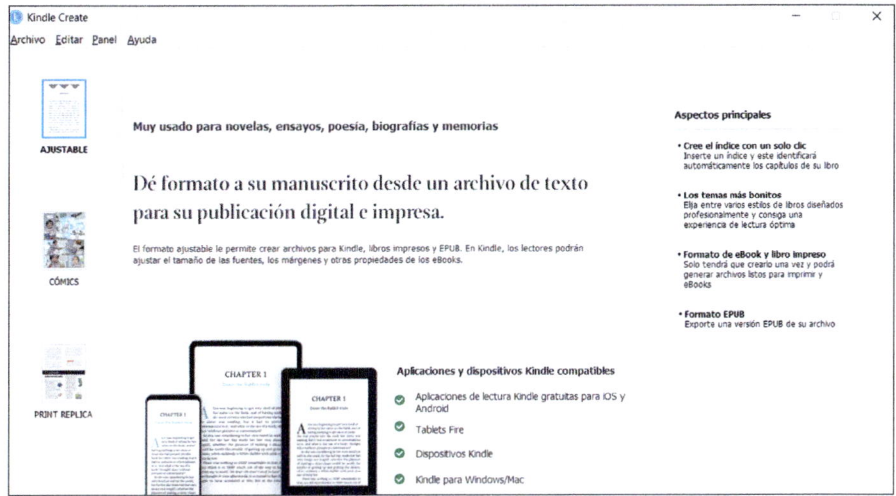

Kindle Create es una herramienta que facilita la creación y formateo de e-books para su publicación en Amazon Kindle.

Además, el formato EPUB3 permite incluir elementos multimedia y características interactivas, lo que lo hace ideal para libros educativos que necesitan integrar vídeos o cuestionarios interactivos en el texto.

6.6. Videoconsola

El desarrollo de productos multimedia para videoconsolas, como videojuegos educativos o interactivos, implica un enfoque específico en gráficos y rendimiento. Por ejemplo, un videojuego educativo diseñado para la PlayStation o la Xbox debe estar optimizado para aprovechar al máximo el *hardware* de la consola. Algunas herramientas, como *Unity* y *Unreal Engine,* permiten a los desarrolladores crear juegos y simulaciones con gráficos avanzados y física realista, asegurando una experiencia de usuario inmersiva.

6.7. Pizarra digital interactiva

Las pizarras digitales interactivas, comúnmente utilizadas en entornos educativos, requieren de productos multimedia que faciliten la interacción en tiempo real. Un ejemplo es un *software* educativo que permite a los profesores escribir, dibujar y mostrar contenido multimedia directamente en la pizarra, mientras los estudiantes interactúan desde sus dispositivos. *SMART Notebook* es una herramienta ampliamente utilizada para crear lecciones interactivas que pueden ser manipuladas en pizarras digitales.

El desarrollo de contenido para estas plataformas debe considerar la facilidad de uso y la capacidad de respuesta de la interfaz, asegurando que el *software* sea intuitivo para los usuarios en un entorno educativo.

6.8. Nuevas tendencias

En un entorno tecnológico en constante evolución, las nuevas tendencias como la realidad aumentada (AR) y la realidad virtual (VR) están transformando la manera en que se consumen los productos editoriales multimedia. Por ejemplo, una aplicación de realidad aumentada que permite a los usuarios explorar reconstrucciones históricas en su entorno real utilizando sus *smartphones* es una tendencia emergente que combina lo físico y lo digital.

Algunas herramientas, como *ARKit* para *iOS* o *ARCore* para *Android,* permiten a los desarrolladores crear experiencias de realidad aumentada que se integren de manera fluida en el entorno del usuario. La creación de contenido para realidad virtual también está en auge, con herramientas como *Oculus Rift SDK* o *HTC Vive SDK,* que permiten desarrollar experiencias inmersivas que llevan la interacción multimedia a un nuevo nivel.

Actividades

1. ¿Qué factores deben considerarse al desarrollar productos multimedia para dispositivos móviles y cómo pueden las herramientas como *Flutter* o *React Native* optimizar el proceso de desarrollo?
2. Describa cómo la elección del formato y las herramientas de desarrollo pueden impactar la legibilidad y la experiencia del usuario en productos editoriales diseñados para lectores de libros digitales como el Kindle.

7. Estándares de arquitectura

Los estándares de arquitectura son directrices que aseguran que los productos multimedia sean consistentes, interoperables y escalables. En el contexto de la producción editorial multimedia, seguirlos garantiza que el contenido pueda ser adaptado y reutilizado en diferentes plataformas y tecnologías, lo que facilita tanto el desarrollo como el mantenimiento del producto.

Los estándares de arquitectura en un entorno multimedia tienen como objetivo principal establecer un marco común que guíe el diseño, desarrollo y distribución de contenido digital. Esto incluye la definición de formatos de archivo, protocolos de comunicación, estructuras de datos, y métodos de acceso y procesamiento de la información. Al adherirse a estos estándares, se logra una mayor compatibilidad entre diferentes sistemas y dispositivos, lo que es especialmente relevante en un mercado tan diverso como el español.

Ejemplo

Por ejemplo, en el desarrollo de una revista digital que se distribuye en diferentes formatos (PDF, EPUB, HTML5), es esencial seguir estándares como EPUB 3.0 para garantizar que el contenido se muestre correctamente en diferentes dispositivos, desde lectores de libros electrónicos hasta *smartphones* y *tablets*.

El uso de herramientas como *Sigil* para la creación de archivos EPUB permite a los desarrolladores asegurarse de que cumplen con estos estándares, facilitando la portabilidad y el acceso universal al contenido.

Uno de los principales beneficios de seguir estándares de arquitectura es la interoperabilidad, que permite que diferentes sistemas y aplicaciones trabajen juntos sin problemas. Por ejemplo, en el desarrollo de contenido web, seguir los estándares de HTML5 y CSS3 garantiza que los sitios sean compatibles con todos los navegadores modernos, incluidos *Google Chrome, Firefox* y *Safari.* Además, el uso de *Web Content Accessibility Guidelines* (WCAG) asegura que el contenido sea accesible para personas con discapacidad, cumpliendo con las normativas de accesibilidad que son cada vez más exigentes en España y en la Unión Europea.

Para el desarrollo de aplicaciones o plataformas que se integran con otros servicios o sistemas, el uso de las API y la adherencia a estándares como RESTful API es fundamental. Esto facilita la integración con servicios externos y mejora la escalabilidad del producto, permitiendo que nuevas funcionalidades sean añadidas sin necesidad de rediseñar todo el sistema.

En un entorno digital en el que la seguridad de los datos es primordial, seguir estándares de seguridad como SSL/TLS para la transmisión de datos y ISO/IEC 27001 para la gestión de la seguridad de la información es esencial. Por ejemplo, en el desarrollo de una plataforma de comercio electrónico, la implementación de SSL/TLS asegura que las transacciones y la información personal de los usuarios estén protegidas contra accesos no autorizados. Ciertas herramientas, como *Let's Encrypt,* permiten obtener certificados SSL gratuitos, lo cual facilita a los desarrolladores la implementación de estas medidas de seguridad.

Para saber más

W3C Markup Validation Service es una herramienta que verifica la validez del código HTML y CSS, asegurando que cumple con los estándares web. Para la accesibilidad, *WAVE Web*

Continúa en página siguiente >>

<< Viene de página anterior

Accessibility Tool permite evaluar si un sitio web cumple con las directrices de accesibilidad y realizar las correcciones necesarias.

---

8. Arquitecturas de red

Las arquitecturas de red son fundamentales en el diseño y funcionamiento de sistemas que necesitan conectar múltiples dispositivos, gestionar grandes volúmenes de datos y garantizar la seguridad de la información. En el contexto de proyectos multimedia, una arquitectura de red bien diseñada permite la integración eficiente de recursos, la protección de datos y la facilidad de uso para los usuarios finales.

8.1. Separación de funciones. Modularidad

La separación de funciones en una arquitectura de red implica distribuir las tareas específicas en módulos independientes, lo que facilita la gestión y el mantenimiento del sistema. Por ejemplo, en un sistema de gestión de contenidos (CMS) como *WordPress,* la separación entre el *frontend* (interfaz de usuario) y el *backend* (gestión de contenido y bases de datos) permite que los desarrolladores trabajen en la presentación del contenido sin interferir con la lógica de gestión de datos.

Para implementar esta modularidad, es común utilizar *Docker,* que permite encapsular cada módulo o servicio en contenedores independientes. Esto facilita la actualización, escalabilidad y despliegue del sistema sin afectar a todo el entorno.

8.2. Conectividad de nodos

La conectividad de nodos en una red se refiere a cómo se comunican entre sí los diferentes dispositivos o puntos de la red. En un entorno multimedia, como un sistema de *streaming* de vídeo, la conectividad eficiente entre servidores de origen y usuarios finales es esencial para evitar latencias y asegurar una transmisión fluida. Algunas herramientas, como *Nginx,* pueden ser utilizadas para equilibrar la carga entre servidores, mejorando la distribución del contenido y optimizando la conectividad.

Además, en redes locales, el uso de *switches* gestionables permite configurar y monitorear la conectividad de nodos de manera eficiente, ajustando el tráfico de datos según las necesidades del sistema.

8.3. Seguridad

La seguridad en una arquitectura de red es vital para proteger los datos y garantizar la confidencialidad, integridad y disponibilidad de la información. En el contexto de una plataforma de comercio electrónico, es esencial implementar SSL/TLS para cifrar la transmisión de datos entre el usuario y el servidor, evitando así el acceso no autorizado.

Herramientas como *Snort* o *Wireshark* son útiles para monitorizar la red en busca de posibles amenazas o vulnerabilidades. Permiten a los administradores de red tomar medidas preventivas para proteger el sistema.

8.4. Compartición de recursos físicos y lógicos. Eficiencia

La compartición de recursos en una red permite maximizar la utilización de estos, tanto físicos como lógicos, optimizando el rendimiento del sistema. En un entorno de trabajo colaborativo, como un equipo de diseño gráfico que comparte grandes archivos multimedia, la utilización de un NAS *(Network Attached Storage)* permite que todos los miembros del equipo accedan a los recursos necesarios sin duplicar datos, ahorrando espacio y facilitando el trabajo conjunto.

Además, el uso de *VMware* o *Hyper-V* para la virtualización de servidores permite compartir recursos lógicos, como procesamiento y almacenamiento, entre múltiples aplicaciones, lo cual mejora la eficiencia y reduciendo costes.

8.5. Administración y mantenimiento

Una arquitectura de red bien diseñada debe facilitar la administración y el mantenimiento del sistema, y permitir que los problemas se identifiquen y solucionen rápidamente. En el contexto de una intranet corporativa, el uso de *Nagios* como herramienta de monitorización permite a los administradores supervisar el estado de los dispositivos y servicios de la red en tiempo real, notificando cualquier fallo o irregularidad.

Para el mantenimiento, herramientas como *Ansible* o *Puppet* son útiles para automatizar tareas repetitivas, como la actualización de *software* o la configuración de dispositivos, asegurando que todos los nodos de la red se mantengan actualizados y seguros.

8.6. Funcionalidad y facilidad de uso

La funcionalidad y facilidad de uso son aspectos esenciales en la arquitectura de red, especialmente en sistemas en que los usuarios finales interactúan directamente. En el diseño de una aplicación web, el uso de *frameworks* como *Bootstrap* asegura que la interfaz sea intuitiva y adaptable a diferentes dispositivos, lo que mejora la experiencia del usuario.

Además, la implementación de API RESTful facilita la interacción entre diferentes módulos del sistema, permitiendo que los usuarios accedan a diversas funciones de manera sencilla y sin complicaciones.

8.7. Normalización

La normalización en una red implica el uso de estándares reconocidos que aseguran la compatibilidad y el correcto funcionamiento del sistema en diferentes entornos. En el contexto de la comunicación entre servidores y aplicaciones, seguir estándares como HTTP/2 o JSON para el intercambio de datos garantiza que los diferentes componentes del sistema puedan interactuar sin problemas.

Nota

El uso de herramientas como *Swagger* facilita la documentación de API, asegurando que todos los desarrolladores comprendan y sigan los mismos estándares en el desarrollo de aplicaciones y servicios.

8.8. Administración de datos. Conectividad mejorada

La administración eficiente de datos es fundamental en arquitecturas de red que manejan grandes volúmenes de información. En una base de datos distribuida como *MongoDB,* es posible gestionar datos en múltiples servidores, con lo que mejora la disponibilidad y redundancia. Esto es especialmente útil en aplicaciones que requieren de alta disponibilidad y escalabilidad, como redes sociales o plataformas de *streaming.*

Para mejorar la conectividad de datos entre diferentes sistemas, *Apache Kafka* es una herramienta poderosa que permite manejar flujos de datos en tiempo real, conectando diversas aplicaciones y sistemas de manera eficiente.

8.9. Interfaces persona-máquina, persona-programa y programa-programa

Las interfaces son los puntos de interacción entre diferentes actores y sistemas en una arquitectura de red. En una plataforma educativa *online,* la interfaz persona-máquina se puede optimizar utilizando *Moodle* para facilitar la navegación del estudiante y el acceso a los materiales de estudio.

Para la interacción entre programas, el uso de REST API permite que diferentes servicios se comuniquen de manera eficiente, facilitando la integración de nuevos módulos o servicios en el sistema existente. Por ejemplo, una aplicación de gestión académica puede integrarse con servicios de pago en línea utilizando una API, lo que permite una experiencia fluida para el usuario.

Actividades

3. ¿Cómo contribuye la modularidad en una arquitectura de red a la gestión y mantenimiento eficiente de un sistema? ¿Qué herramienta se menciona que facilita la implementación de esta modularidad?
4. Analice la importancia de la seguridad en una arquitectura de red para una plataforma de comercio electrónico y describa cómo herramientas como *SSL/TLS* y *Snort* pueden ayudar a proteger los datos y garantizar la seguridad de la información.

9. Arquitecturas *software*

Las arquitecturas *software* se refieren a la organización y estructura de los sistemas informáticos, desglosando cómo se distribuyen las funciones entre los distintos subsistemas, módulos y componentes.

9.1. Sistema, subsistemas, módulos y componentes

En la arquitectura *software,* un sistema se descompone en subsistemas, que a su vez se dividen en módulos y componentes específicos. Esta descomposición facilita la gestión y desarrollo de proyectos complejos. Por ejemplo, en una aplicación de comercio electrónico como *PrestaShop,* el sistema puede estar compuesto por subsistemas, como la gestión de inventario, el procesamiento de pagos y el manejo de usuarios. Cada uno de estos subsistemas se desglosa en módulos más pequeños, como el módulo de carrito de compras o el de catálogo de productos.

Para gestionar esta organización modular, herramientas como *UML (Unified Modeling Language)* permiten a los desarrolladores visualizar y diseñar los diferentes componentes del sistema, asegurando que cada módulo cumpla con su función específica y se integre correctamente con el resto del sistema.

9.2. Árbol estructural

El árbol estructural es una representación jerárquica de los diferentes elementos de un sistema *software.* Muestra cómo estos se relacionan entre sí. Esta estructura facilita la visualización del flujo de información y la dependencia entre los módulos. Por ejemplo, en un proyecto de desarrollo de un sitio web corporativo, el árbol estructural puede mostrar cómo la base de datos se conecta con la lógica del servidor y cómo esta lógica se comunica con la interfaz de usuario:

Hay herramientas, como *Lucidchart* o *Microsoft Visio,* que permiten crear diagramas de árbol estructural que ayudan a planificar y documentar el diseño del *software.* Estas herramientas son especialmente útiles en la fase de diseño, cuando es fundamental asegurar que todos los componentes del sistema estén correctamente alineados con los requisitos del proyecto.

9.3. Modelos de construcción de *software:* en cascada y en V

Los modelos de construcción de *software* definen la secuencia de actividades necesarias para desarrollar un sistema. El modelo en cascada es uno de los más tradicionales y sigue un enfoque lineal: cada fase debe completarse antes de pasar a la siguiente. Por ejemplo, en el desarrollo de una aplicación bancaria, primero se completaría la fase de análisis de requisitos, antes de pasar al diseño, luego a la implementación, y finalmente a las pruebas y mantenimiento:

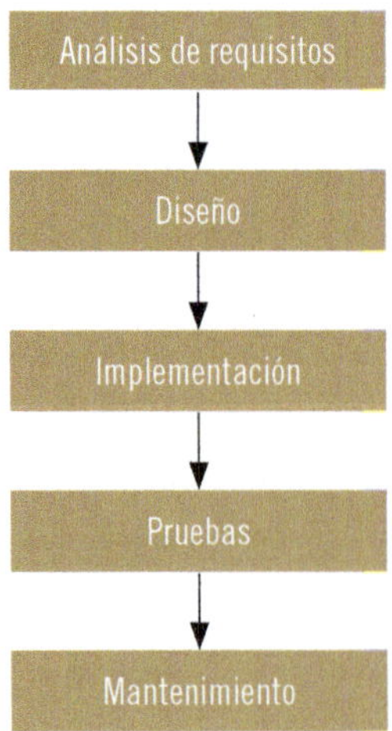

El modelo en V es una variación del modelo en cascada que pone un mayor énfasis en la validación y verificación en cada etapa del desarrollo. Cada fase de desarrollo tiene una fase de prueba correspondiente, lo que garantiza que los errores se detecten y se corrijan en las primeras etapas del proyecto. Herramientas como *JIRA* o *Trello* permiten gestionar proyectos siguiendo estos modelos, ayudando a organizar las tareas y a realizar un seguimiento del progreso en cada fase.

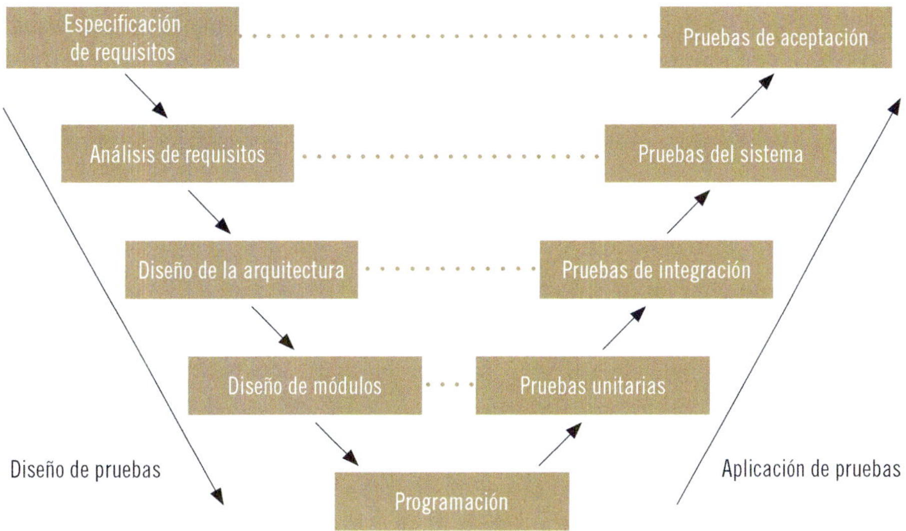

Modelo en V de desarrollo de software

9.4. Gestión de proyectos

La gestión de proyectos en el desarrollo de *software* es esencial para asegurar que los objetivos se cumplan dentro del tiempo y presupuesto establecidos. En España, donde muchas empresas de *software* trabajan con metodologías ágiles, herramientas como *Scrum* y *Kanban* son ampliamente utilizadas.

Ejemplo

En el desarrollo de una aplicación móvil, *Scrum* permite dividir el proyecto en *sprints* cortos, cada uno con objetivos específicos y entregables claros.

Para gestionar estos *sprints* y tareas, *JIRA* es una herramienta popular que permite a los equipos planificar, rastrear y gestionar proyectos de *software* de manera eficiente. *Asana* y *Trello* son otras opciones que facilitan la visualización del progreso del proyecto y la colaboración entre los miembros del equipo.

9.5. Ciclo de vida de un producto

El ciclo de vida de un producto *software* incluye todas las etapas, desde su concepción hasta su retirada del mercado. Estas etapas incluyen el desarrollo, la implementación, el mantenimiento y, eventualmente, la eliminación del *software*. En el contexto de un producto editorial multimedia, como una plataforma de *e-learning*, el ciclo de vida comienza con la planificación y el diseño del sistema, seguido por el desarrollo del contenido y la implementación de la plataforma.

Durante la fase de mantenimiento, es necesario realizar actualizaciones y corregir errores, lo que puede gestionarse con herramientas como *Git* para el control de versiones, que permite que los desarrolladores mantengan un registro de todos los cambios realizados en el código del producto. *Redmine* es otra herramienta útil para gestionar las tareas de mantenimiento y seguimiento de problemas, asegurando que el producto permanezca actualizado y funcional a lo largo de su ciclo de vida.

Aplicación práctica

Está liderando el desarrollo de una nueva aplicación de comercio electrónico y debe tomar decisiones clave sobre la arquitectura del *software* y el modelo de desarrollo que seguir.

Debe tomar dos decisiones críticas:

- **¿Elegiría el modelo en cascada o en V para el desarrollo de esta aplicación? Explique cómo su elección beneficiará el proceso de desarrollo.**
- **¿Qué herramienta usaría para gestionar las tareas y el progreso del equipo? Justifique su elección en función de las necesidades de un proyecto de *software* complejo.**

SOLUCIÓN

- Modelo en V. El modelo en V permite validar y verificar cada etapa del desarrollo con su correspondiente fase de pruebas, lo que es fundamental para detectar y corregir errores temprano en un proyecto en el que la precisión y seguridad sean fundamentales.
- *JIRA*. Es ideal para gestionar proyectos de *software* complejos, ya que permite planificar, rastrear y priorizar tareas de manera eficiente, lo que asegura que el equipo cumpla con los plazos y mantenga un flujo de trabajo organizado.

10. Arquitecturas *hardware*

Las arquitecturas *hardware* juegan un papel fundamental en el diseño y funcionamiento de los sistemas informáticos, pues permiten la correcta ejecución de *software* y garantizan que los dispositivos funcionen de manera eficiente.

10.1. Arquitectura abierta y arquitectura cerrada. Características

Las arquitecturas abiertas y cerradas se refieren a cómo se diseña y distribuye el *hardware*, con implicaciones directas en la flexibilidad y escalabilidad de los sistemas.

Una arquitectura abierta permite a los usuarios y desarrolladores modificar, mejorar y adaptar el *hardware* según sus necesidades. Un ejemplo común es el uso de ordenadores basados en PC compatibles, en los que los componentes como la placa base, el procesador y la tarjeta gráfica se pueden reemplazar o actualizar fácilmente.

En contraste, una arquitectura cerrada se caracteriza por un diseño propietario en el que el fabricante controla todos los aspectos del *hardware* y *software.* Un ejemplo es el ecosistema de Apple: dispositivos como el *iPhone* o *MacBook* están diseñados con una integración muy estrecha entre el *hardware* y el *software,* lo que limita las posibilidades de modificación, pero asegura una experiencia de usuario optimizada y consistente.

10.2. Estándares

Los estándares en arquitectura *hardware* aseguran que los componentes sean compatibles entre sí y con otros sistemas. Por ejemplo, el estándar USB *(Universal Serial Bus)* permite la conexión de periféricos como teclados, ratones y discos duros a una amplia variedad de dispositivos, lo que garantiza la interoperabilidad. En el ámbito de las redes, el estándar Ethernet es esencial para la conexión de dispositivos en redes locales, asegurando que los equipos puedan comunicarse de manera eficiente.

Hay herramientas, como *Wireshark,* que pueden ser utilizadas para analizar el tráfico de red y comprobar que los dispositivos siguen los estándares de comunicación. Mientras, *CPU-Z* es útil para verificar la conformidad de los componentes internos del ordenador con los estándares de *hardware.*

Wireshark es una herramienta de análisis de red que permite capturar y examinar el tráfico de datos en tiempo real.

10.3. Portabilidad

La portabilidad en arquitectura *hardware* se refiere a la capacidad de un sistema o componente para ser transportado y utilizado en diferentes entornos. En dispositivos móviles, la portabilidad es un factor clave. Un ejemplo práctico es el uso de Raspberry Pi, un microordenador que, debido a su tamaño reducido y bajo consumo de energía, puede ser utilizado en una amplia variedad de proyectos, desde servidores domésticos hasta estaciones meteorológicas portátiles.

La portabilidad también se aplica en el contexto de la virtualización, donde *VMware* o *VirtualBox* permiten crear máquinas virtuales que pueden ser transportadas entre diferentes sistemas *host,* lo cual facilita la portabilidad del entorno de desarrollo o pruebas.

10.4. Lenguajes de programación disponibles

El *hardware* está estrechamente relacionado con los lenguajes de programación que permiten su control y manipulación. Por ejemplo, C y C++ son lenguajes ampliamente utilizados en el desarrollo de sistemas operativos y controladores de *hardware,* debido a su capacidad para interactuar directamente con los recursos del sistema.

Para dispositivos embebidos como el arduino, el lenguaje de programación Arduino C permite escribir programas que interactúan directamente con sensores y actuadores, proporcionando una experiencia práctica en la programación de *hardware.* Asimismo, lenguajes como Python son cada vez más utilizados en *hardware* como Raspberry Pi debido a su simplicidad y flexibilidad.

10.5. Conectividad e integración en redes

La conectividad y la integración en redes son aspectos fundamentales para asegurar que los dispositivos puedan comunicarse entre sí de manera eficiente. En un entorno empresarial, la configuración de servidores NAS *(Network Attached Storage)* como los de Synology permite compartir archivos entre diferentes usuarios dentro de una red local, facilitando el acceso a la información y mejorando la colaboración.

Para implementar y gestionar la conectividad en redes más complejas, herramientas como *Cisco Packet Tracer* permiten diseñar y simular redes de comunicación, comprendiendo cómo se conectan y configuran diferentes dispositivos de red, como *routers* y *switches.*

10.6. Mantenimiento

El mantenimiento de *hardware* es esencial para asegurar la longevidad y el buen funcionamiento de los sistemas. En el contexto de servidores y estaciones de trabajo, el uso de herramientas como *HWiNFO* permite monitorizar la temperatura, el voltaje y el rendimiento de los componentes, alertando sobre posibles problemas antes de que se conviertan en fallos críticos.

Importante

La limpieza regular del polvo en los componentes internos y la actualización de los controladores con *Driver Booster* son prácticas recomendadas para mantener el *hardware* en óptimas condiciones. Eso prolongará su vida útil y evitará problemas de rendimiento.

10.7. Integración de subsistemas de información

La integración de subsistemas de información implica la combinación de diferentes sistemas y componentes para formar un sistema más grande y funcional. Un ejemplo de esto es la integración de un sistema ERP *(Enterprise Resource Planning)* con una base de datos centralizada y sistemas de gestión de inventario. En este caso, el *hardware* debe ser capaz de manejar grandes volúmenes de datos y proporcionar acceso en tiempo real a múltiples usuarios.

Hay herramientas, como *Oracle Database* o *Microsoft SQL Server,* que son esenciales para gestionar la base de datos, mientras que servidores robustos con procesadores Intel Xeon o AMD EPYC garantizan que el sistema pueda manejar las demandas de procesamiento necesarias para la integración de estos subsistemas.

Actividades

5. ¿Cuáles son las diferencias clave entre una arquitectura abierta y una arquitectura cerrada? ¿Cómo influyen en la flexibilidad y experiencia del usuario?
6. Investigue sobre cómo los estándares como USB y Ethernet facilitan la interoperabilidad y conectividad en arquitecturas de *hardware,* y discuta la importancia de herramientas como *Wireshark* en la verificación del cumplimiento de estos estándares.

11. Arquitecturas de información

Las arquitecturas de información son fundamentales en la gestión y organización de datos dentro de cualquier sistema informático. Estas arquitecturas definen cómo se estructura la información, los métodos de acceso, la asociación de datos y los procedimientos para su procesamiento, asegurando que los sistemas sean eficientes y funcionales.

11.1. Estructura de datos: organización, métodos de acceso, grado de asociatividad y alternativas de procesamiento

La estructura de datos se refiere a la forma en que se organiza y almacena la información en un sistema. Por ejemplo, en una base de datos de una tienda en línea, los datos de productos, clientes y pedidos deben estar organizados de manera que permitan un acceso rápido y eficiente. Un enfoque común es utilizar bases de datos relacionales como MySQL o PostgreSQL, donde los datos se estructuran en tablas interrelacionadas mediante claves primarias y foráneas.

Los métodos de acceso, como las consultas SQL, permiten recuperar información específica de estas bases de datos de manera eficiente. Para proyectos que requieren un alto grado de asociatividad, como un sistema de recomendación de productos, es posible utilizar bases de datos NoSQL como MongoDB, que ofrecen flexibilidad en la estructura de los datos y facilitan el procesamiento de grandes volúmenes de información no estructurada.

11.2. Procedimientos: especificación del procesamiento, secuencia de sucesos, nodos, bifurcación de decisiones

Los procedimientos en una arquitectura de información detallan cómo se procesan los datos y definen la secuencia de acciones que deben seguirse para obtener resultados específicos. Un ejemplo práctico es el flujo de procesamiento en un sistema de atención al cliente, donde la secuencia puede incluir la recepción de una consulta, la asignación a un agente y la resolución del problema. Hay herramientas, como BPMN *(Business Process Model and*

Notation), que permiten modelar estos procedimientos visualmente, facilitando la identificación de nodos de bifurcación, donde se toman decisiones clave, como la ruta que seguirá una solicitud en función de su prioridad.

Estas herramientas son útiles para diseñar sistemas que necesitan procesar información en tiempo real, como una aplicación de banca en línea que procesa transacciones y consultas de clientes, asegurando que cada proceso siga la secuencia correcta y se tomen las decisiones adecuadas en cada nodo.

11.3. Acceso privativo mediante red de módulos independientes

El acceso privativo en una red de módulos independientes se refiere a la restricción del acceso a ciertos datos o funciones a usuarios específicos dentro de un sistema modular. Por ejemplo, en una intranet corporativa, los datos financieros pueden estar accesibles solo para el departamento de contabilidad, mientras que otros departamentos tienen acceso limitado o nulo. Para implementar este tipo de control, se utilizan sistemas de gestión de identidades y accesos (IAM) como *OpenAM* o *Keycloak,* que permiten definir y gestionar quién tiene acceso a qué datos y en qué condiciones.

Estos sistemas son esenciales en organizaciones que manejan información sensible, como hospitales o bancos, donde es necesario asegurarse de que solo el personal autorizado pueda acceder a determinados módulos de información.

11.4. Diagramas de estructuras. Diseño modular

Los diagramas de estructuras son representaciones visuales de cómo se organiza un sistema de información. Muestran la relación entre sus diferentes módulos y componentes. Un diseño modular facilita la gestión y actualización de sistemas complejos, permitiendo que cada módulo funcione de manera independiente pero interconectada. Por ejemplo, en un sistema de gestión académica, los módulos de inscripción, calificaciones y asistencia pueden diseñarse como componentes separados pero integrados, lo que facilita la implementación de cambios o actualizaciones en uno de ellos sin afectar a los demás.

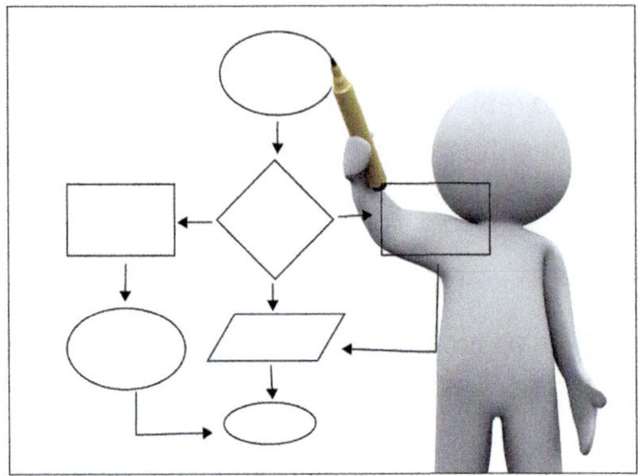

Forma de un diagrama de estructuras (Canva)

Algunas herramientas, como *Lucidchart* o *Microsoft Visio,* son ideales para crear estos diagramas, permiten visualizar la estructura de sus sistemas y planificar su desarrollo de manera eficiente. Un diseño modular también facilita la escalabilidad del sistema, añadiendo nuevas funcionalidades sin reestructurar al completo.

11.5. Acoplamiento y cohesión

El acoplamiento y la cohesión son conceptos clave en el diseño de sistemas modulares. El acoplamiento se refiere a la interdependencia entre los módulos, donde un acoplamiento bajo es deseable para minimizar las interacciones entre módulos, lo que facilita su mantenimiento y actualización. La cohesión, por otro lado, se refiere al grado en que las funciones dentro de un módulo están relacionadas entre sí (una alta cohesión es ideal porque significa que el módulo tiene un propósito claro y definido).

En la práctica, estos conceptos se aplican al desarrollar *software* donde los diferentes componentes deben interactuar de manera eficiente, pero sin estar excesivamente interdependientes. Por ejemplo, en una aplicación web, el módulo de autenticación debe estar cohesionado (centrado en la gestión de usuarios) y tener un acoplamiento bajo con otros módulos como el de gestión de contenidos, lo que permite cambios en el sistema de autenticación sin afectar al resto de la aplicación.

12. Plataformas: compatibilidad e interoperabilidad

Las plataformas digitales desempeñan un papel esencial en la integración y funcionamiento de los sistemas multimedia, donde la compatibilidad e interoperabilidad son aspectos clave para asegurar que los diferentes componentes trabajen juntos de manera eficiente.

12.1. Requisitos de interoperabilidad del proyecto

La interoperabilidad se refiere a la capacidad de diferentes sistemas y plataformas para trabajar juntos sin problemas, facilitando el intercambio y uso de información entre ellos. En un proyecto de desarrollo de una aplicación web que debe integrarse con sistemas de terceros, como pasarelas de pago (por ejemplo, *Stripe* o *PayPal),* es esencial asegurarse de que la aplicación sea capaz de comunicarse con estos servicios de manera eficiente y segura.

Para garantizar la interoperabilidad, es recomendable utilizar las API estándar, que son interfaces que permiten a diferentes sistemas comunicarse entre sí. Hay herramientas, como *Postman,* que son útiles para probar y validar las API, asegurando que las solicitudes y respuestas se gestionen correctamente.

12.2. Verificación de componentes

La verificación de componentes implica asegurarse de que cada parte del sistema funcione correctamente antes de integrarla en el conjunto. En el desarrollo de una plataforma *de e-learning,* por ejemplo, es necesario verificar que cada módulo (como el sistema de gestión de usuarios, el reproductor de vídeo y el módulo de exámenes) funcione por separado antes de su integración.

Ciertas herramientas, como *JUnit* para pruebas unitarias en Java o *Mocha* para JavaScript, permiten a los desarrolladores realizar pruebas exhaustivas de cada componente, identificando posibles errores o inconsistencias antes de que afecten al sistema en su conjunto.

12.3. Verificación de cumplimiento de especificaciones

La verificación de cumplimiento de especificaciones se centra en asegurar que el sistema cumple con los requisitos definidos durante la fase de planificación.

Ejemplo

Por ejemplo, si un proyecto debe cumplir con la normativa de accesibilidad web en España, como lo estipulado en el Real Decreto 1112/2018, es necesario realizar pruebas para garantizar que la plataforma sea accesible para personas con discapacidad.

Hay herramientas, como *WAVE* o *Axe,* que permiten a los desarrolladores verificar que sus aplicaciones web cumplen con los estándares de accesibilidad, asegurando que todos los usuarios puedan interactuar con la plataforma sin barreras.

12.4. Pruebas de aceptación

Las pruebas de aceptación son realizadas para confirmar que el sistema final cumple con los requisitos del cliente o usuario. En un proyecto de desarrollo de *software* para una empresa española, las pruebas de aceptación podrían incluir la validación del rendimiento del sistema en condiciones de uso real, como la carga de usuarios simultáneos.

Selenium es una herramienta ampliamente utilizada para realizar pruebas automatizadas de aplicaciones web, simulando el comportamiento del usuario en diferentes escenarios. Estas pruebas ayudan a identificar problemas que podrían surgir en el entorno real y permiten realizar ajustes antes del lanzamiento final.

12.5. Conectividad con sistemas externos

La conectividad con sistemas externos es fundamental para proyectos que requieren de la integración de servicios de terceros o la comunicación con otros sistemas de la empresa. Por ejemplo, en una aplicación de gestión empresarial, es común que el sistema necesite conectarse con bases de datos externas o servicios en la nube, como Amazon Web Services (AWS).

Para asegurar una conectividad robusta, es importante utilizar herramientas que monitoricen y gestionen estas conexiones. *Zabbix* es una herramienta de monitorización que permite supervisar la conectividad y el rendimiento de las conexiones con sistemas externos. Alerta a los administradores en caso de fallos o caídas.

Aplicación práctica

Está a cargo de la fase final del desarrollo de una plataforma de e-learning que debe integrarse con varios sistemas externos, cumplir con normativas de accesibilidad y ser sometida a pruebas exhaustivas antes de su lanzamiento. Su tarea es asegurar que todos los componentes de la plataforma funcionen correctamente y que el sistema cumpla con los requisitos del proyecto. Responda a las siguientes preguntas al respecto:

- **¿Qué herramienta utilizaría para probar y validar la comunicación con las API de terceros (como pasarelas de pago) y por qué?**
- **¿Qué herramienta recomendaría para realizar pruebas unitarias en los módulos individuales de la plataforma antes de integrarlos? ¿Cómo aseguraría que cada módulo cumple con su función?**

Continúa en página siguiente >>

<< Viene de página anterior

SOLUCIÓN

Postman, ya que es ideal para probar y validar la comunicación con API de terceros, asegurando que las solicitudes y respuestas se gestionen correctamente, lo que es esencial para la integración con pasarelas de pago como *Stripe* o *PayPal*.

Junit, porque permite realizar pruebas exhaustivas en cada módulo de la plataforma, asegurando que funcionen correctamente antes de ser integrados en el sistema completo, lo que reduce la posibilidad de errores en el sistema final.

---

13. Formato de archivos y almacenamiento

El formato de archivos y su almacenamiento son aspectos clave en la creación y gestión de contenido multimedia. Elegir el formato adecuado y aplicar técnicas de compresión eficaces permite optimizar el rendimiento y la accesibilidad del contenido, garantizando que este sea compatible con diferentes plataformas y dispositivos.

13.1. Formatos multimedia: de imagen, de vídeo, de audio, y de creación multimedia y tratamientos de datos

Los formatos de archivo multimedia determinan cómo se almacenan y se procesan las imágenes, vídeos, audios y otros tipos de contenido digital. Por ejemplo, en el ámbito de la imagen, formatos como JPEG y PNG son ampliamente utilizados. JPEG es ideal para fotografías y gráficos con gradientes de color, debido a su capacidad de compresión, que reduce el tamaño del archivo sin una pérdida significativa de calidad. PNG, por otro lado, es preferible cuando se necesita transparencia o una alta fidelidad en gráficos con texto o logotipos.

En el caso del vídeo, formatos como MP4 y MKV son comunes. MP4 es compatible con la mayoría de los dispositivos y plataformas, lo que lo hace adecuado para la distribución de vídeos en línea, mientras que MKV es conocido por su capacidad de contener múltiples pistas de audio, subtítulos y otros metadatos en un solo archivo, lo que lo hace ideal para contenidos más complejos como películas o series.

Para el audio, los formatos más utilizados son MP3 y WAV. MP3 es popular por su capacidad de compresión, que reduce significativamente el tamaño del archivo. Resulta ideal para la distribución en línea y la transmisión. WAV, aunque menos comprimido, ofrece una calidad de sonido superior, lo que lo hace adecuado para la producción de audio profesional.

En la creación multimedia, el formato PSD (de *Adobe Photoshop)* es un estándar en el diseño gráfico. Permite almacenar capas, ajustes y otros elementos editables en un solo archivo. Para quienes trabajan en proyectos multimedia que incluyan animaciones, el formato GIF o SWF (usado antiguamente en *Adobe Flash)* es adecuado.

13.2. Compresión de archivos

La compresión de archivos es una técnica utilizada para reducir su tamaño, lo cual facilita su almacenamiento y transmisión. Existen dos tipos principales de compresión: **con pérdida y sin pérdida.**

La compresión con pérdida *(lossy)* reduce el tamaño del archivo eliminando algunos datos, lo que puede afectar a la calidad.

Ejemplo

Un ejemplo es la compresión de imágenes JPEG, que elimina ciertos detalles que el ojo humano no percibe fácilmente, reduciendo así el tamaño del archivo.

En el ámbito del vídeo, H.264 es un estándar de compresión con pérdida ampliamente utilizado para *streaming* y distribución en línea. Ofrece un buen equilibrio entre calidad y tamaño de archivo.

La compresión sin pérdida *(lossless),* por otro lado, reduce el tamaño del archivo sin eliminar datos, manteniendo la calidad original. Un ejemplo de compresión sin pérdida es el formato de imagen PNG o el formato de audio FLAC, que conserva toda la información del archivo original, lo que es ideal para trabajos que requieren la máxima calidad.

Para aplicar la compresión de archivos en proyectos multimedia, herramientas como *HandBrake* son útiles para comprimir vídeos sin sacrificar demasiado la calidad, mientras que *WinRAR* o *7-Zip* permiten comprimir y descomprimir archivos en diferentes formatos, facilitando su almacenamiento y distribución.

Actividades

7. ¿Cuál es la diferencia entre la compresión con pérdida y sin pérdida? ¿En qué casos sería más adecuado utilizar cada una en proyectos multimedia
8. Busque información adicional y analice cómo la elección del formato de archivo (JPEG, PNG, MP4, etc.) puede afectar la calidad y compatibilidad del contenido multimedia en diferentes plataformas y dispositivos.
9. Investigue las herramientas más eficaces para la compresión de archivos multimedia, como *HandBrake* o *7-Zip*. Explique cómo pueden optimizar el almacenamiento y la distribución del contenido sin comprometer la calidad.

14. Resumen

La arquitectura de un producto editorial multimedia se enfoca en cómo se organiza y presenta la información en diversas plataformas. Es esencial que esté diseñada para ofrecer una experiencia de usuario coherente y accesible, especialmente en dispositivos como ordenadores, tabletas y *smartphones.* Un aspecto importante es la estructura de la información es que debe facilitar la navegación y permitir la integración de contenido adicional que enriquezca la experiencia del usuario.

Los proyectos multimedia pueden ser simples o complejos. Cada tipo requiere de una estructura de datos adecuada. Los proyectos lineales, como los *e-books,* tienen una estructura jerárquica sencilla, mientras que los proyectos complejos, como los cursos *online* interactivos, necesitan de una estructura que integre texto, audio, vídeo y elementos interactivos. Es importante seleccionar las herramientas y tecnologías correctas para cada proyecto, lo que nos asegura que el producto final será funcional, eficiente y fácil de mantener.

Las arquitecturas de red y *software* son fundamentales para el desarrollo de proyectos multimedia. Permiten la integración de recursos, la protección de datos y una fácil administración. Es importante seguir estándares de arquitectura para asegurar la compatibilidad y escalabilidad del producto. Además, la elección de formatos de archivos y técnicas de compresión adecuadas es esencial para optimizar el rendimiento y la accesibilidad del contenido, garantizando su compatibilidad en diferentes plataformas y dispositivos.

Ejercicios de repaso y autoevaluación

1. **Defina la arquitectura de un producto editorial multimedia y explique su importancia en la creación de contenidos digitales.**

____
____
____
____

2. **Explique la diferencia entre proyectos multimedia lineales y proyectos multimedia complejos.**

____
____
____
____

3. **Mencione dos componentes esenciales de la arquitectura de un producto editorial multimedia.**

____
____
____
____

4. **En el contexto de productos editoriales multimedia, ¿qué aspecto clave debe considerarse al diseñar la estructura de la información?**

    a. Solo la estética
    b. La facilidad de navegación
    c. La seguridad
    d. La eficiencia del sistema

5. **Explique cómo la selección de tecnologías influye en la arquitectura de un producto editorial multimedia.**

6. **Describa un ejemplo de un proyecto multimedia complejo y explique cómo su arquitectura debe estar diseñada para soportar la interactividad.**

7. **¿Qué herramienta se recomienda utilizar para proyectos multimedia lineales y de baja complejidad?**

   a. *Adobe InDesign*
   b. *Moodle*
   c. *Unity*
   d. *Apache Cordova*

8. **Explique cómo se podría estructurar un proyecto que debe estar disponible tanto *online* como *offline*.**

9. **Mencione dos herramientas utilizadas para desarrollar proyectos interactivos en productos editoriales multimedia.**

10. ¿Qué tipo de arquitectura se debe utilizar para un proyecto diseñado para plataformas móviles y por qué?

11. Describa la diferencia entre *software* propietario y *software* de código abierto en el contexto de la producción de productos editoriales multimedia.

12. En el contexto de arquitecturas de red, ¿qué es la modularidad y por qué es importante?

13. Explique cómo la arquitectura abierta difiere de la arquitectura cerrada en sistemas de *hardware*.

14. Mencione un lenguaje de programación utilizado en proyectos de arquitectura de *hardware* y su aplicación.

15. Describa la importancia de la administración de datos en arquitecturas de red que manejen grandes volúmenes de información.

Capítulo 2

Descripción funcional de un producto editorial multimedia

Contenido

1. Introducción

La creación de un producto editorial multimedia es un proceso complejo que va más allá de simplemente tener una buena idea o un contenido atractivo. Para que el producto final sea exitoso y realmente útil para los usuarios, es fundamental desarrollar una descripción funcional detallada que guíe todo el proyecto, desde la conceptualización hasta la ejecución. Esta descripción funcional, ajustada al guion, define cómo se organizará el contenido, cómo se navegará por el producto y cómo interactuarán los usuarios con él.

Los productos editoriales multimedia abarcan una amplia variedad de formatos, que integran diferentes medios para crear experiencias más ricas y dinámicas para los usuarios. Entre estos productos se encuentran los libros electrónicos interactivos, que incorporan vídeos, animaciones y enlaces interactivos, mejorando la experiencia de lectura más allá del texto tradicional. También existen las revistas digitales, publicaciones que fusionan texto, imágenes, vídeos y enlaces interactivos, accesibles desde cualquier dispositivo electrónico, que ofrecen una experiencia de lectura inmersiva.

Otro ejemplo son los *podcasts,* programas de audio que pueden incluir entrevistas, narraciones y efectos de sonido, y que a menudo se complementan con transcripciones y materiales adicionales disponibles en línea. Los documentales interactivos también forman parte de este grupo, ya que permiten a los espectadores elegir diferentes rutas narrativas o acceder a contenido adicional, involucrándolos activamente en la historia.

Las aplicaciones educativas son otro tipo de producto editorial multimedia. Combina texto, imágenes, vídeos y actividades interactivas para facilitar el aprendizaje de diversos temas. Finalmente, los blogs multimedia son artículos en línea que no solo presentan texto, sino que también incluyen vídeos, *podcasts,* infografías y enlaces a recursos adicionales. Ofrecen una experiencia más completa y atractiva para el lector.

2. Definición de una descripción funcional ajustada al guion

Cuando se habla de la descripción funcional de un producto editorial multimedia, se hace referencia a la manera en que ese producto va a funcionar y cómo los usuarios interactuarán con él. Esto no es solo una lista de características, sino una explicación detallada y práctica de cómo se navegará por el producto, cómo será la interacción entre el usuario y el contenido, y cómo se podrá hacer un seguimiento y control de las actividades de los usuarios.

2.1. Navegación

La navegación es el esqueleto de cualquier producto multimedia. Es la manera en que los usuarios se desplazan o se mueven por el contenido. Un buen diseño de navegación facilita que los usuarios encuentren lo que buscan de manera intuitiva, sin perderse ni frustrarse en el proceso.

Ejemplo

Se trata de un libro interactivo en línea. Para hacer que el lector pueda saltar de un capítulo a otro o buscar un término específico, se utilizan los menús, los botones de "atrás" y "adelante", los índices interactivos y las barras de búsqueda. Todo esto conforma la navegación.

Pero no es solo cuestión de añadir botones o enlaces. La navegación debe estar diseñada pensando en el usuario. Por ejemplo, si se trata de un producto para niños, los elementos de navegación deben ser simples, con iconos grandes y fáciles de entender. En cambio, si es para un público más técnico, se puede optar por una estructura más compleja, con menús desplegables y múltiples opciones.

Además, hay que considerar la navegación en diferentes dispositivos. Un diseño de navegación ajustado debe tener en cuenta todas estas variantes para asegurar una experiencia fluida sin importar el dispositivo.

2.2. Interacción

La interacción en un producto multimedia es lo que convierte al usuario en parte activa de la experiencia. No se trata solo de consumir contenido de forma pasiva, sino de interactuar con él.

Imagina que estás creando una revista digital. En lugar de simplemente leer los artículos, el usuario podría tocar una imagen para ampliarla, hacer clic en un término subrayado para ver su definición o arrastrar elementos en un juego interactivo.

La segunda imagen de la revista digital aumenta de tamaño al pasar por encima el cursor.

Para decidir qué tipo de interacciones incluir es necesario tener en cuenta el **propósito del producto.** Si es educativo, por ejemplo, es importante incluir interacciones que ayuden al usuario a aprender mejor, como cuestionarios interactivos o simulaciones. Si es un producto de entretenimiento, las interacciones podrían ser más lúdicas, como minijuegos o encuestas en tiempo real.

Cuando un usuario interactúa con el producto, debe recibir una respuesta inmediata. Si hace clic en un botón, debe suceder algo que confirme que su acción fue registrada, ya sea un cambio en la pantalla, un sonido o una vibración (si está en un dispositivo móvil).

2.3. Seguimiento y control de los usuarios

El seguimiento y control de los usuarios es importante porque permite entender cómo estos interactúan con el producto. Hay que ajustar la experiencia para mejorarlo continuamente.

Ejemplo

En una plataforma de aprendizaje en línea, es vital saber cuántas personas completan cada lección, cuánto tiempo dedican a cada sección y qué preguntas les resultan más difíciles. Con esta información, los creadores del contenido pueden mejorar las áreas problemáticas y ofrecer un mejor servicio.

Pero no solo se trata de recolectar datos, sino de hacerlo de manera que respete la privacidad del usuario. Hoy en día, con las regulaciones de protección de datos, como el RGPD en Europa, es fundamental que el seguimiento sea transparente y que el usuario tenga control sobre la información que comparte.

Nota

El Reglamento General de Protección de Datos (RGPD, por sus siglas en inglés) es una normativa de la Unión Europea que establece cómo deben gestionarse y protegerse los datos personales de los usuarios. El objetivo principal del RGPD es garantizar la privacidad y seguridad de los datos de los individuos, otorgándoles más control sobre su información personal. En España, el RGPD, dejó obsoleta la Ley Orgánica de Protección de Datos de Carácter Personal (LOPD) de 1999, que fue sustituida el 6 de diciembre de 2018 por la ley orgánica de protección de datos personales y garantía de los derechos digitales, acorde con el rgpd.1.

El seguimiento también permite personalizar la experiencia. Por ejemplo, una aplicación de noticias que ajusta el contenido que se muestra según los artículos que se han leído previamente. Esto es posible gracias a un buen sistema de seguimiento, que aprende de las preferencias y comportamientos del lector.

El control de los usuarios también implica ofrecerles herramientas para gestionar su propia experiencia. Esto podría incluir opciones para ajustar la configuración de privacidad, elegir qué tipo de notificaciones recibir, o incluso personalizar la apariencia de la interfaz.

A continuación, se presenta un ejemplo de descripción funcional:

Aplicación educativa *Elvish Translator*

NAVEGACIÓN

Estructura de la navegación:

- Menú principal: el menú principal se ubicará en la parte superior de la pantalla en la versión web y como un menú desplegable en la esquina superior izquierda en la versión móvil. Este menú incluirá las siguientes secciones:
  - **Inicio**: página de bienvenida con una introducción a la aplicación y enlaces rápidos.
  - **Traductor**: sección principal, donde los usuarios podrán ingresar texto en español para obtener su traducción al élfico.
  - **Diccionario**: un diccionario interactivo que ofrece palabras en élfico con sus equivalentes en español.
  - **Lecciones**: módulos de aprendizaje sobre la lengua élfica de Tolkien, organizados en niveles de dificultad.
  - **Perfil del usuario**: aquí los usuarios pueden ver su progreso, estadísticas y logros obtenidos.
  - **Configuración**: permite personalizar las preferencias de idioma, notificaciones y ajustes de la cuenta.

Continúa en página siguiente >>

<< Viene de página anterior

- Barra de búsqueda: una barra de búsqueda estará disponible en la parte superior derecha de la pantalla en la versión web y dentro del menú desplegable en la versión móvil. Permitirá buscar palabras específicas en el diccionario, frases en las lecciones o ajustes en la configuración.
- Navegación por secciones: dentro de cada lección o módulo, los usuarios podrán deslizar hacia la izquierda o derecha (en móviles) o usar las flechas en pantalla (en web) para pasar a la siguiente o anterior sección. Además, habrá un índice interactivo al comienzo de cada lección que permitirá saltar a temas específicos como "Gramática básica" o "Frases comunes en élfico".

Optimización por dispositivo:

- Web: el diseño estará optimizado para resoluciones de 1920x1080 píxeles, con elementos adaptables para pantallas más pequeñas.
- Móvil: la navegación será táctil, con botones grandes y fáciles de usar. El contenido se ajustará a pantallas de diferentes tamaños, desde 4,7 hasta 6,7 pulgadas.

INTERACCIÓN

Tipos de interacción:

- Traducción interactiva: los usuarios podrán incluir texto en español y ver la traducción inmediata al élfico. El texto traducido podrá ser copiado o compartido en redes sociales.
- Contenido multimedia: las lecciones incluirán vídeos y audios que enseñen la pronunciación correcta de las palabras en élfico, además de imágenes de las runas élficas. Los usuarios podrán ampliar las imágenes o ver los vídeos en pantalla completa.
- Cuestionarios y encuestas: al final de cada lección, habrá un breve cuestionario interactivo que permitirá a los usuarios evaluar su comprensión. Los resultados se almacenarán en su perfil y se podrán comparar con otros usuarios de manera anónima.
- Gamificación: los usuarios ganarán puntos por cada lección completada, cuestionario aprobado o traducción realizada. Estos puntos se podrán canjear por recompensas, como nuevos módulos de lecciones avanzadas o contenidos exclusivos sobre la cultura élfica.

Retroalimentación:

- Cada vez que un usuario interactúe con un elemento, como hacer clic en una traducción o responder una encuesta, recibirá una notificación visual y/o sonora que confirme que su acción fue registrada.

Continúa en página siguiente >>

<< Viene de página anterior

SEGUIMIENTO Y CONTROL DE LOS USUARIOS

Recolección de datos:

- Análisis de comportamiento: se utilizarán herramientas de análisis para rastrear cuántos usuarios utilizan el traductor, cuánto tiempo dedican a las lecciones y qué tipo de contenido multimedia es el más popular. Por ejemplo, se podrá determinar que el 70 % de los usuarios que usan el traductor también acceden a lecciones sobre gramática élfica básica.
- Personalización: basado en el comportamiento de uso, la aplicación sugerirá contenido relevante. Si un usuario frecuentemente traduce palabras relacionadas con saludos, se le mostrarán más lecciones y ejemplos de frases de conversación en élfico.
- Privacidad: los usuarios podrán acceder a un panel de control donde verán qué datos se están recolectando. Ahí tendrán la opción de desactivar ciertas funciones de seguimiento. Además, todos los datos recolectados cumplirán con las normativas RGPD, que asegura que la información personal esté protegida y sea anónima cuando se use para análisis de comportamiento.

Control de usuario:

- Notificaciones personalizadas: los usuarios podrán configurar qué tipo de notificaciones desean recibir, como alertas sobre nuevas lecciones, recordatorios para practicar o avisos de actualizaciones en el diccionario.
- Historial de uso: cada usuario tendrá acceso a un historial de las traducciones realizadas y las lecciones completadas, con la opción de guardar sus favoritas para referencia futura.

Aplicación práctica

Está diseñando un libro interactivo en línea destinado a estudiantes de secundaria. El objetivo del proyecto es no solo presentar el contenido de manera atractiva, sino también asegurar que los estudiantes puedan interactuar con él y que el sistema pueda realizar un seguimiento de su progreso para ofrecer una experiencia personalizada.

Continúa en página siguiente >>

<< Viene de página anterior

Describa brevemente cómo estructuraría la navegación y las interacciones del libro interactivo para asegurar que sea fácil de usar y educativo. Además, mencione cómo implementaría un sistema de seguimiento y control que respete la privacidad de los estudiantes mientras mejora la experiencia de aprendizaje.

SOLUCIÓN

La estructura de navegación utilizaría un índice interactivo que permita a los estudiantes saltar entre capítulos de manera intuitiva. Habría botones de **adelante** y **atrás** en cada página para facilitar el movimiento secuencial. La barra de búsqueda permitiría a los estudiantes encontrar rápidamente información sobre específicos. Todo el diseño sería responsivo, se adaptaría a diferentes dispositivos, para que la experiencia sea fluida tanto en computadoras como en tabletas.

Se incluirían interacciones educativas, como cuestionarios al final de cada capítulo, donde los estudiantes puedan recibir retroalimentación inmediata. Las imágenes podrían ampliarse al tocarlas. Los términos clave subrayados llevarían a definiciones o explicaciones adicionales. Estas interacciones no solo mantendrían el interés del estudiante, sino que también facilitarían un aprendizaje activo.

Se implementaría un sistema de seguimiento que registre el progreso de los estudiantes, como qué capítulos han completado y su desempeño en los cuestionarios. Este seguimiento permitiría personalizar el contenido sugerido, ajustándolo a las áreas donde el estudiante necesita más práctica. Para respetar la privacidad, el sistema solicitaría el consentimiento para recolectar datos y ofrecería configuraciones para que los estudiantes puedan gestionar sus preferencias de privacidad y notificaciones.

---

3. Diseño de funcionalidades de un producto editorial multimedia

Cuando se está diseñando un producto editorial multimedia, no basta con tener una idea general de lo que se quiere hacer, es necesario planificar detalladamente cómo va a funcionar cada parte del producto. Aquí es donde entra en juego el diseño de funcionalidades. Se trata de definir de manera precisa cómo los usuarios van a interactuar con el producto, cómo se va a organizar la información y cómo se va a asegurar una experiencia de usuario fluida y satisfactoria.

3.1. Diseño de la navegación

En el diseño de la navegación se trata de planificar cómo se moverán los usuarios dentro del producto. Un buen diseño de navegación hace que sea fácil para los usuarios encontrar lo que buscan sin perderse ni frustrarse.

Por ejemplo, si se está creando una revista digital, es necesario decidir cómo los usuarios podrán acceder a diferentes secciones. Esto podría implicar un menú principal visible en todo momento, botones para avanzar y retroceder entre artículos, y quizás un índice al inicio de cada sección.

Nota

No se trata solo de añadir enlaces. Es fundamental que la navegación sea intuitiva. Los usuarios no deberían tener que pensar demasiado para encontrar lo que buscan. Por eso, hay que considerar la organización de los menús, la jerarquía de la información y cómo se despliega en diferentes dispositivos, como ordenadores y móviles.

3.2. Diagrama de flujo principal

Un diagrama de flujo es una representación visual que muestra cómo se conecta cada parte del producto.

Imagina un diagrama de flujo de una revista digital sobre campings a la que llamaremos *Tu camping en España*. Esta comienza en la página de inicio, desde donde los usuarios pueden ir a secciones como ***Destinos, Reseñas de campings*** o ***Rutas de senderismo.*** Cada una de estas secciones podría tener subpáginas, como artículos individuales o galerías de fotos.

El diagrama de flujo muestra todas estas conexiones, que no haya caminos rotos o sin salida, lo que permitiría una navegación continua y coherente.

3.3. Análisis de itinerarios

Este paso es clave para entender cómo se comportarán los usuarios dentro del producto. En este contexto, un itinerario es el camino que sigue un usuario desde que entra en el producto hasta que sale, pasando por diferentes secciones o realizando diferentes acciones.

Para analizar estos itinerarios, por ejemplo, en una herramienta de aprendizaje interactiva se podrían considerar varios perfiles de usuario. Un estudiante que necesita estudiar el Siglo de Oro podría comenzar en la página de inicio, seleccionar un módulo sobre autores como Cervantes o Lope de Vega, leer fragmentos de *Don Quijote* o *Fuenteovejuna,* y luego participar en una discusión interactiva o responder preguntas de comprensión. Otro usuario, como un profesor que utiliza la herramienta para preparar una lección, podría empezar en la sección de recursos pedagógicos, explorar análisis críticos de obras literarias y luego diseñar una actividad interactiva que invite a sus alumnos a comparar diferentes corrientes literarias.

3.4. Usabilidad: facilidad de aprendizaje y manejo, flexibilidad de uso y transparencia, optimización de contenidos y maximización del espacio útil

La **usabilidad** implica asegurarse de que el producto sea fácil de utilizar para cualquier persona, sin importar su nivel de experiencia.

Primero, la facilidad de aprendizaje y manejo significa que un nuevo usuario debe poder entender rápidamente cómo funciona el producto, sin necesidad de leer largos manuales. Un usuario debería poder navegar por las diversas secciones con solo unos pocos clics.

La flexibilidad de uso y la transparencia implican que el producto debe adaptarse a diferentes necesidades y estilos de uso. Esto podría significar permitir a los usuarios personalizar su experiencia, como cambiar el idioma, ajustar el tamaño de la fuente, o seleccionar sus secciones favoritas para mostrarlas en la página principal.

La **optimización de contenidos** se refiere a cómo se presenta la información. Es necesario que todo el contenido esté bien organizado y sea fácil de leer.

Ejemplo

Por ejemplo, los artículos deben tener párrafos cortos, títulos claros y quizás resúmenes al inicio para facilitar la lectura rápida.

Por último, la maximización del espacio útil es clave, especialmente en dispositivos móviles. Se debe evitar el uso excesivo de elementos decorativos que no aporten valor y, en su lugar, concentrarse en presentar el contenido de manera clara y directa, para que cada centímetro de la pantalla se use de manera efectiva.

Actividades

1. ¿Por qué es importante que un diagrama de flujo asegure que no haya caminos rotos o sin salida en un producto multimedia? ¿Cómo afecta esto a la experiencia del usuario?
2. Describa cómo el análisis de itinerarios puede ayudar a mejorar la usabilidad de una herramienta de aprendizaje interactiva. Proporcione ejemplos específicos de diferentes perfiles de usuario y sus posibles trayectorias dentro del producto.

3.5. Diseño de la interacción. Características

El diseño de la interacción es la planificación de cómo los usuarios van a interactuar con el contenido. Esto podría incluir cómo se despliegan las galerías de fotos, cómo se reproduce un vídeo de consejos de acampada o cómo se completa un cuestionario sobre conocimientos.

El diseño de la interacción debe ser **responsivo,** lo que significa que debe adaptarse a diferentes dispositivos y tamaños de pantalla. También debe ser **intuitivo,** es decir, los usuarios deben entender fácilmente cómo interactuar con los elementos del producto sin necesidad de instrucciones complejas.

Además, la **retroalimentación** es esencial. Cada vez que un usuario realiza una acción, como hacer clic en un enlace o arrastrar un elemento, el sistema debe responder de manera inmediata, confirmando que la acción ha sido registrada. Esto podría ser a través de un cambio visual, un sonido o una animación breve.

3.6. Índice de contenidos

Un buen índice de contenidos es como un mapa que guía al usuario a través del producto. En *Tu camping en España*, el índice de contenidos podría estar disponible al principio de cada sección o artículo, permitiendo a los usuarios ver rápidamente qué temas se cubren y saltar directamente a la parte que les interesa.

Este índice debe ser **dinámico y actualizable,** especialmente si el contenido se amplía con el tiempo. Por ejemplo, si se agregan nuevas reseñas de *campings* o nuevas rutas de senderismo, el índice debe reflejar esos cambios de inmediato.

3.7. Árbol de contenidos

El árbol de contenidos es similar al índice, pero, en lugar de ser una lista simple, es una representación jerárquica de toda la estructura del producto. Muestra cómo se organiza el contenido en categorías, subcategorías y elementos individuales.

En esta revista, el árbol de contenidos podría tener una estructura como esta:

Inicio

- Destinos
  - *Campings* en el norte
  - *Campings* en el sur
- Reseña de *campings*
- Rutas de senderismo
  - Rutas cortas
  - Rutas largas
- Consejos de acampada
  - Equipamiento
  - Seguridad

3.8. Estructura de menús

En la estructura de menús es donde se decide cómo los usuarios accederán a las diferentes partes del producto. En *Tu camping en España*, el menú principal podría estar siempre visible en la parte superior de la pantalla en la versión web, y como un menú desplegable en la versión móvil.

Cada opción del menú debe llevar a una sección importante del producto, como ***Destinos, Reseñas de campings*** o ***Consejos de acampada***. Es importante que los menús sean claros y sencillos, para que los usuarios puedan encontrar lo que buscan sin esfuerzo.

3.9. Iconos

Los iconos son pequeños gráficos que representan acciones o categorías de contenido. En *Tu camping en España*, podrían usarse para representar diferentes secciones como ***Destinos*** (una tienda de campaña), ***Reseñas de campings*** (una estrella), o ***Rutas de senderismo*** (unas botas de montaña).

Los iconos deben ser fáciles de entender y consistentes en todo el producto, lo que ayuda a los usuarios a navegar y a realizar acciones de manera rápida y eficiente.

3.10. Mecanismos de búsqueda

Los mecanismos de búsqueda son fundamentales para que los usuarios puedan encontrar contenido específico rápidamente.

Es importante que el sistema de búsqueda sea rápido y preciso, que proporcione resultados relevantes de manera inmediata y sugiera términos relacionados si no se encuentran coincidencias exactas.

Una barra de búsqueda con autocompletado, por ejemplo, facilita que los usuarios obtengan sugerencias mientras escriben, lo que acelera el proceso de búsqueda y ayuda a descubrir términos relacionados:

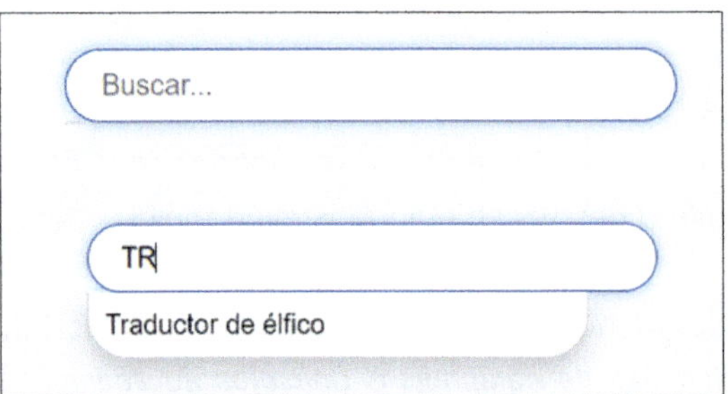

Por otro lado, la búsqueda filtrada o avanzada ofrece la posibilidad de refinar los resultados mediante criterios específicos como la fecha, el tipo de contenido o la categoría, lo que resulta especialmente útil en grandes repositorios de datos:

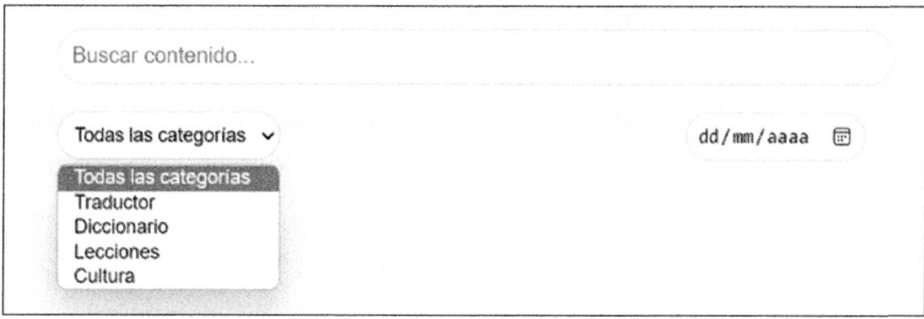

Además, las búsquedas contextuales mejoran la relevancia de los resultados, al adaptarse al contenido que el usuario está explorando en ese momento. Este enfoque es particularmente efectivo en plataformas de aprendizaje o aplicaciones de noticias personalizadas. En entornos donde el contenido se organiza de manera no lineal, la búsqueda por etiquetas permite a los usuarios navegar a través de temas específicos con facilidad; por su parte, la búsqueda semántica, apoyada en inteligencia artificial, ofrece resultados más precisos al comprender el significado y la intención detrás de las palabras, superando así las limitaciones de las búsquedas tradicionales basadas únicamente en palabras clave.

Las herramientas de búsqueda también pueden extenderse más allá del texto. La búsqueda por imágenes o contenido multimedia, por ejemplo, es cada vez más relevante (permite a los usuarios encontrar información relacionada a partir de elementos visuales). Esta función es ampliamente utilizada en plataformas de comercio electrónico y bancos de imágenes.

Nota

En productos editoriales con componentes geográficas, como guías de viaje, la navegación a través de mapas interactivos permite a los usuarios explorar contenido basado en la ubicación, con lo cual ofrecen una experiencia más inmersiva.

La búsqueda por voz se está convirtiendo en una opción popular, especialmente en dispositivos móviles y asistentes virtuales, lo que proporciona una forma accesible de interactuar con el contenido sin necesidad de utilizar las manos. De manera similar, la búsqueda por facetas desglosa los resultados en subcategorías, lo que permite a los usuarios explorar diferentes aspectos del contenido de manera más detallada. La búsqueda predictiva, por su parte, utiliza algoritmos que anticipan las necesidades del usuario y sugieren resultados relevantes, incluso antes de que la consulta esté completamente escrita, lo que mejora significativamente la eficiencia de la búsqueda.

Actividades

3. ¿Cómo contribuye una estructura de menús clara y sencilla a la experiencia del usuario en un producto multimedia? ¿Qué diferencia hay en su implementación entre la versión web y la versión móvil?
4. Describa cómo los iconos y mecanismos de búsqueda pueden mejorar la navegación y eficiencia en una aplicación de noticias digitales. Proporcione ejemplos específicos de cómo se podrían utilizar.

3.11. Acciones y control: control de itinerarios, registro de estados, mensajes de control, y pesos y baremaciones

Este aspecto del diseño se enfoca en cómo se controlan las acciones que realizan los usuarios dentro del producto. Por ejemplo, si un usuario está completando un cuestionario sobre conocimientos, el sistema debería registrar su progreso, mostrar mensajes de control que le indiquen si ha respondido correctamente, y asignar una puntuación o baremación basada en sus respuestas.

El control de itinerarios podría implicar rastrear qué rutas de senderismo ha explorado un usuario, permitiéndole ver su progreso, y recomendarle nuevas rutas basadas en sus preferencias anteriores.

3.12. Mensajes y etiquetas

Los mensajes son esenciales para proporcionar retroalimentación instantánea y guiar al usuario en sus interacciones. Por ejemplo, en una plataforma de aprendizaje de idiomas que ofrece lecciones interactivas, *quizzes* y ejercicios de pronunciación, un usuario podría completar una prueba de vocabulario. Al finalizar la prueba, un mensaje emergente podría aparecer para confirmar la acción: "¡Bien hecho! Has completado el quiz de vocabulario". Este mensaje no solo confirma que el usuario ha terminado la actividad, sino que también refuerza positivamente su progreso.

Si el usuario intenta acceder a una lección avanzada sin haber completado los módulos previos, un mensaje podría advertirle: "Debes completar las lecciones anteriores antes de avanzar a este nivel". Este tipo de mensaje orienta al usuario y le confirma que está siguiendo el camino de aprendizaje adecuado.

De igual manera, si un usuario realiza una búsqueda en la plataforma para encontrar una lección específica sobre frases comunes en un idioma y no obtiene resultados, un mensaje claro como "No se encontraron resultados para tu búsqueda. Intenta con otros términos o explora las categorías disponibles" ayuda a gestionar sus expectativas y le sugiere alternativas.

Las etiquetas, en una plataforma de aprendizaje de idiomas, son fundamentales para categorizar y organizar el contenido de manera accesible.

Ejemplo

Por ejemplo, las lecciones, ejercicios y recursos podrían estar etiquetados con términos como "Principiante", "Intermedio", "Avanzado", "Vocabulario", "Gramática" o "Pronunciación". Estas etiquetas permiten a los usuarios filtrar y encontrar rápidamente el contenido que corresponde a su nivel de habilidad o área de interés. Si un usuario está interesado en mejorar su pronunciación, podría hacer clic en la etiqueta "Pronunciación" para acceder a una lista de todas las lecciones y ejercicios relacionados con ese aspecto del idioma.

Imagina que un usuario está practicando su vocabulario en la plataforma. Después de completar un ejercicio, podría ver un mensaje que dice: "¡Buen trabajo! Has aprendido 10 nuevas palabras hoy". Este mensaje motiva al usuario a continuar. Debajo del ejercicio, podría haber etiquetas como "Vocabulario" y "Nivel Intermedio". Si el usuario hace clic en "Nivel Intermedio", accederá a una lista de todas las lecciones y recursos que coinciden con su nivel de competencia:

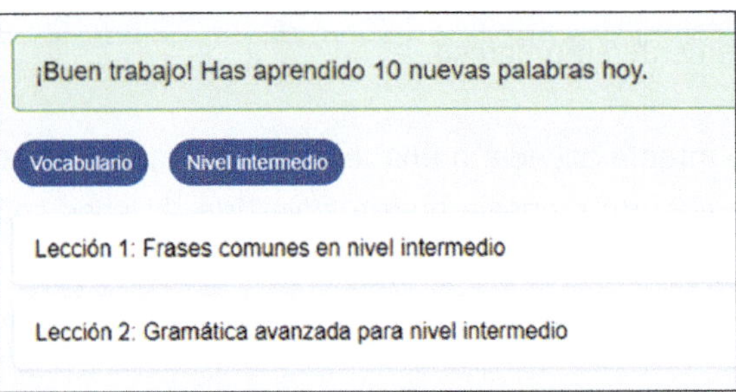

Si no encuentra el contenido específico que busca y realiza una búsqueda en la plataforma, pero no obtiene resultados, este mensaje aparecerá: "No se encontraron lecciones con esas palabras clave. Prueba buscando por 'Vocabulario' o explora otras categorías".

Actividades

5. ¿Cómo ayudan los mensajes de control y las etiquetas a mejorar la experiencia del usuario en una plataforma de aprendizaje interactiva? ¿Qué papel juegan en guiar el progreso del usuario?
6. Describa cómo un sistema de control de itinerarios y registro de estados podría mejorar la personalización y la experiencia del usuario en una aplicación de *fitness*. Dé ejemplos de cómo se podrían implementar estas características.

4. Desarrollo del documento de funcionalidad

Un documento de funcionalidad actúa como una guía detallada que describe cómo debe funcionar el producto. Facilita la comunicación entre el equipo editorial y el equipo de desarrollo, y asegura que todos estén alineados en cuanto a los objetivos y la ejecución del proyecto.

4.1. Comunicación del equipo editorial con el equipo de desarrollo de contenidos multimedia

El equipo editorial es el encargado de definir qué se va a comunicar, es decir, el contenido y el enfoque del producto. Por otro lado, el equipo de desarrollo se encarga de cómo se va a comunicar, es decir, la parte técnica y multimedia. Para que todo funcione, es vital que ambos equipos estén en constante comunicación.

Por ejemplo, si el equipo editorial de *Tu camping en España* decide que un artículo sobre los mejores *campings* de la Costa Brava debe incluir un mapa interactivo, el equipo de desarrollo necesita saber exactamente cómo debe funcionar ese mapa, qué datos debe mostrar y cómo debe integrarse con el resto del contenido.

La comunicación efectiva puede incluir reuniones periódicas, intercambio de documentos y uso de herramientas de gestión de proyectos como *Trello* o *Asana,* de modo que ambas partes puedan ver el progreso del proyecto, discutir ideas y resolver problemas en tiempo real.

4.2. Metáforas y descripciones. Guion literario

Las metáforas y descripciones en un proyecto multimedia ayudan a hacer que el contenido sea más fácil de entender y más atractivo para el usuario.

Por ejemplo, en un proyecto editorial multimedia que explora la historia de la familia Tudor, la historia podría ser presentada mediante la metáfora de un "árbol dinástico". Cada rama representaría a un miembro clave de la familia y las hojas que crecen de estas ramas simbolizarían los eventos históricos importantes que ocurrieron durante sus reinados. El usuario podría comenzar en las raíces de este árbol, explorando la ascensión de Enrique VII al trono, descrito como "el surgimiento de una nueva era" tras las guerras civiles que devastaron Inglaterra.

A medida que el usuario avanza por las ramas del árbol, descubriría el reinado de Enrique VIII, presentado como una "tormenta" que sacudió la nación, con la reforma protestante descrita como "vientos que cambiaron el curso de la historia". Las seis esposas de Enrique VIII podrían ser descritas como "las hojas que cayeron durante la tormenta", cada una representando un capítulo trágico o decisivo en su reinado.

El guion literario es la herramienta que permite definir estas metáforas y descripciones con detalle. En él, se escribe cómo debe ser el contenido desde un punto de vista narrativo y visual. Por ejemplo, se podría indicar que, mientras se explora el reinado de Enrique VIII, los sonidos de truenos y viento fuerte deben acompañar la narración, reforzando la metáfora de la tormenta.

Además, el guion literario especificaría cómo deben ser presentadas las transiciones entre los diferentes reinados, quizás utilizando la metáfora de las estaciones del año para reflejar los cambios de poder: el reinado de María I podría ser descrito como un "invierno oscuro", marcado por las persecuciones religiosas, mientras que el reinado de Isabel I podría ser presentado como una "primavera dorada", simbolizando el renacimiento de Inglaterra como una potencia europea.

4.3. Diagramas de flujo

Los diagramas de flujo son como los planos que muestran cómo se conectan las diferentes partes del producto.

En el caso de *Tu camping en España,* un diagrama de flujo podría mostrar cómo un usuario navega desde la página de inicio hasta una reseña de un camping específico. Por ejemplo, podría empezar en la página principal, luego ir a la sección de ***Destinos,*** seleccionar **Andalucía,** y finalmente llegar a la reseña del *camping* en cuestión. El diagrama de flujo ayuda a visualizar este recorrido y asegura que no haya pasos faltantes o redundantes. El siguiente diagrama de flujo, en forma de tabla, representa el recorrido:

Paso	Acción de usuario	Página o sección visitada
1	El usuario accede a la página	Página de inicio
2	El usuario accede a ***destinos***	Página de destinos
3	El usuario selecciona ***Andalucía***	Página de Andalucía
4	El usuario navega por la lista de *campings* de Andalucía	Lista de *campings*
5	El usuario selecciona un *camping* específico	Reseña del *camping*

Estos diagramas son útiles tanto para el equipo editorial como para el equipo de desarrollo, ya que proporcionan una visión clara de cómo debe funcionar el producto y qué partes necesitan conectarse entre sí.

4.4. Catálogos de recursos multimedia y cajas de herramientas digitales

En un proyecto multimedia, no basta con tener buenas ideas, también es necesario contar con los recursos adecuados para llevarlas a cabo. Aquí es donde entran en juego los catálogos de recursos multimedia y las cajas de herramientas digitales.

Un catálogo de recursos multimedia es una lista organizada de todos los elementos visuales, sonoros y de vídeo que se van a utilizar en el proyecto.

Por otro lado, las cajas de herramientas digitales son los programas y plataformas que se van a usar para crear y gestionar estos recursos. Por ejemplo, se podría utilizar *Adobe Photoshop* para editar imágenes, *Premiere Pro* para montar vídeos y herramientas de edición web como *WordPress* o *Joomla* para integrar todo el contenido en la plataforma digital.

Nota

Tener un catálogo claro y organizado de estos recursos y herramientas ayuda a que el equipo de desarrollo sepa exactamente qué utilizar y cómo integrarlo en el producto final.

4.5. Uso de herramientas de definición de esquemas

En un proyecto editorial multimedia es fundamental que todo el contenido y las funcionalidades estén bien organizados y sean fáciles de entender por los usuarios. Para lograr esto, se utilizan herramientas de definición de esquemas, que son esenciales para planificar y estructurar el producto de manera efectiva. Estas herramientas permiten crear representaciones visuales claras de la estructura del producto. Muestran cómo se organiza el contenido y cómo se conectan las distintas partes entre sí.

Por ejemplo, en el proyecto multimedia sobre la historia de la familia Tudor, una herramienta de definición de esquemas podría ser utilizada para mapear el flujo de contenido. Se podría crear un esquema que muestre cómo se estructura la narrativa, comenzando desde la página de inicio, que podría presentar una visión general de la dinastía Tudor, y luego ramificándose en secciones dedicadas a cada monarca, desde Enrique VII hasta Isabel I:

Página de Inicio

- Enrique VII
- Enrique VIII
  - Seis esposas
  - Reforma protestante
  - Política europea
- Isabel I
  - Armada invencible
  - Renacimiento isabelino

El esquema visual podría mostrar cómo se interconectan estas secciones. Por ejemplo, desde la página dedicada a Enrique VIII, el esquema podría ilustrar enlaces a subsecciones sobre sus seis esposas, la reforma protestante y su impacto en la política europea. Cada una de estas subsecciones, a su vez, podría estar conectada a recursos adicionales, como biografías, documentos históricos interactivos y galerías de imágenes.

Estas herramientas aseguran que todas las funcionalidades estén alineadas con la estructura narrativa. Por ejemplo, si el proyecto incluye una línea de tiempo interactiva, el esquema podría mostrar cómo se inserta esta funcionalidad dentro de la experiencia del usuario, tal vez permitiendo a los usuarios saltar directamente a eventos clave en la historia de los Tudor desde cualquier punto del producto.

Además, el esquema visual permite identificar posibles puntos de fricción o áreas donde el contenido puede necesitar mayor coherencia o conexión. Por ejemplo, si una sección sobre Isabel I no tiene suficientes vínculos con las subsecciones relevantes, como la Armada Invencible o el renacimiento isabelino, el esquema lo hará evidente, permitiendo ajustes antes de que el producto esté completamente desarrollado.

Aplicación práctica

Está trabajando en un proyecto multimedia educativo que explora la historia de diferentes civilizaciones. Como miembro del equipo editorial, su labor es definir el contenido y las metáforas visuales que harán el material más accesible y atractivo. Uno de los módulos tratará sobre la civilización egipcia. Se desea representar el ciclo de vida y la muerte mediante la metáfora del "río de la vida", en el que los usuarios pueden navegar desde el nacimiento hasta el más allá.

Como parte del equipo editorial, debe asegurarse de que esta metáfora se entienda correctamente y se implemente de manera coherente en el producto multimedia. Ya ha preparado el guion literario que describe el recorrido del río y las transiciones

Continúa en página siguiente >>

<< Viene de página anterior

entre etapas, pero necesita comunicar al equipo de desarrollo cómo debería ser esta funcionalidad en términos técnicos.

¿Cómo garantizaría que la implementación del "río de la vida" se alinee con la visión del equipo editorial? Describa las acciones que tomaría para que el equipo de desarrollo entienda y ejecute correctamente las transiciones y metáforas propuestas.

SOLUCIÓN

El primer paso es proporcionar al equipo de desarrollo el guion literario que ha creado, donde se explican las metáforas visuales del "río de la vida". Este guion debe incluir no solo la narrativa, sino los detalles técnicos sobre cómo deben ser las transiciones entre las diferentes etapas del ciclo de vida, como el uso de efectos de agua o niebla, que simbolizan el paso entre la vida y la muerte.

Para garantizar una buena comunicación, se deben realizar reuniones periódicas con el equipo de desarrollo. Además, el uso de herramientas de gestión de proyectos como *Asana* o *Trello* es fundamental, ya que permitirá a ambos equipos visualizar el progreso del proyecto, intercambiar ideas y resolver cualquier problema en tiempo real.

Utilizar diagramas de flujo que muestren cómo los usuarios navegarán por el "río de la vida" ayudará al equipo de desarrollo a visualizar la funcionalidad y evitará pasos faltantes o redundantes. Estos diagramas deben detallar cómo se conectan las diferentes etapas del ciclo de vida y qué transiciones deben incluirse para mejorar la experiencia del usuario.

---

5. Resumen

En el desarrollo de un producto editorial multimedia, la descripción funcional ajustada al guion es esencial para definir cómo funcionará el producto y cómo interactuarán los usuarios con él. Esta descripción no es solo un conjunto de características técnicas, sino una explicación detallada que abarca la navegación, la interacción y el seguimiento de los usuarios.

La navegación es el esqueleto del producto. Su diseño debe ser intuitivo y permitir a los usuarios desplazarse fácilmente por el contenido sin frustraciones. Esto implica la creación de menús claros, índices interactivos y la optimización para diferentes dispositivos. Un buen ejemplo es un menú principal accesible en cualquier momento y adaptado tanto a versiones web como móviles.

La interacción convierte al usuario en un participante activo, le permite hacer más que solo consumir contenido. Esto incluye la posibilidad de ampliar imágenes, realizar encuestas o jugar a minijuegos. La clave está en diseñar interacciones que se alineen con el propósito del producto, que proporcionen retroalimentación inmediata para mantener al usuario comprometido.

El seguimiento y control de los usuarios permiten ajustar y personalizar la experiencia, garantizando que el producto evolucione según las necesidades del usuario. Esto implica un análisis detallado del comportamiento del mismo, con respeto a la privacidad y la adaptación del contenido según sus preferencias.

En conjunto, estos elementos conforman una descripción funcional que asegura que el producto funcione correctamente y ofrezca una experiencia rica y personalizada para el usuario.

Ejercicios de repaso y autoevaluación

1. Explique la importancia de la descripción funcional en el desarrollo de un producto editorial multimedia.

____
____
____
____

2. Mencione un tipo de producto editorial multimedia y descríbalo brevemente.

____
____

3. ¿Qué papel juega la navegación en un producto multimedia y cómo afecta a la experiencia del usuario?

____
____

4. Describa un ejemplo de cómo la interacción puede mejorar la experiencia en una revista digital.

____
____
____
____

5. Explique la importancia del seguimiento y control de los usuarios en un producto editorial multimedia.

____
____
____
____

6. Mencione dos características que debería incluir el sistema de seguimiento y control de los usuarios en un proyecto multimedia educativo.

7. ¿Qué es un diagrama de flujo y cómo se utiliza en el desarrollo de un producto editorial multimedia?

8. Describa cómo podría diseñarse la navegación de un libro interactivo para estudiantes de secundaria.

9. ¿Cuál de los siguientes elementos es fundamental para garantizar que un producto editorial multimedia sea fácil de navegar y que los usuarios encuentren lo que buscan sin frustraciones?

   a. La cantidad de contenido multimedia incluido.
   b. El diseño gráfico y la estética del producto.
   c. La estructura de la navegación.
   d. El número de interacciones posibles con el contenido.

10. Explique cómo un sistema de control de itinerarios podría mejorar la experiencia de un usuario en una aplicación de *fitness*.

11. **¿Qué son las etiquetas en un producto editorial multimedia y cómo pueden mejorar la experiencia del usuario?**

12. **Describa cómo se podría estructurar un árbol de contenidos para una revista digital sobre turismo.**

13. **Explique cómo los iconos y la estructura de menús pueden mejorar la navegación en una aplicación de noticias digitales.**

14. **Describa cómo un documento de funcionalidad facilita la comunicación entre el equipo editorial y el equipo de desarrollo en un proyecto multimedia.**

15. **¿Qué aspecto es clave para garantizar que las interacciones en un producto editorial multimedia sean efectivas y mantengan al usuario comprometido?**

    a. La cantidad de contenido textual que acompaña la interacción.
    b. La complejidad del diseño gráfico utilizado.
    c. La retroalimentación inmediata proporcionada al usuario.
    d. El tamaño de los botones de navegación.

Capítulo 3

Integración de elementos multimedia en las pantallas

Contenido

1. Introducción

La integración de elementos multimedia en las pantallas es fundamental en el diseño funcional y la interactividad de productos multimedia. Los diversos tipos de contenido, desde textos hasta animaciones en 3D, se incorporan en las interfaces digitales para crear experiencias interactivas y atractivas.

Con el avance de los productos multimedia, la capacidad de combinar eficazmente estos elementos en una pantalla ha adquirido mayor relevancia. Esto requiere un conocimiento profundo de los distintos tipos de contenido multimedia y sus características, así como de su relación en términos de formato, tamaño y otras dimensiones espaciales y temporales. La correcta selección de los contenidos según el tipo de producto —ya sea un libro electrónico, un DVD interactivo o una publicación en línea— es clave para lograr una experiencia satisfactoria para el usuario.

La arquitectura de las pantallas y la gestión del color son también fundamentales en el equilibrio visual, permiten una distribución armónica de los elementos en el espacio digital. Asimismo, es muy importante tener en cuenta la accesibilidad y la recuperación de objetos multimedia, lo cual asegura que los productos diseñados sean inclusivos y cumplan con las normativas establecidas.

2. Tipos de contenidos multimedia: textos, imágenes, sonidos, vídeos, animaciones 2D y 3D, iconos, elementos interactivos y otros

Los contenidos multimedia son fundamentales en la construcción de productos digitales interactivos, ya que permiten transmitir información de manera dinámica y atractiva.

El texto es uno de los elementos básicos y esenciales en cualquier producto multimedia. Su función principal es comunicar información de manera clara y directa. En el diseño multimedia, el texto debe ser legible y en un estilo que sea coherente con el resto del contenido. La tipografía, el tamaño, el color y el espacio entre letras y líneas son variables críticas que influyen en la legibilidad y en la percepción del contenido por parte del usuario. Además, los textos pueden ser estáticos o dinámicos, adaptándose en tiempo real a las interacciones del usuario o al contexto de uso.

Las imágenes, por su parte, son elementos visuales poderosos que pueden transmitir información de manera inmediata y sin necesidad de palabras. Las imágenes en productos multimedia pueden ser fotografías, ilustraciones, gráficos o diagramas, cada una con su propio propósito. La calidad, resolución, formato y tamaño de las imágenes son aspectos que determinan no solo su apariencia, sino también su impacto en el rendimiento del producto. Una correcta optimización de las imágenes es necesaria para asegurar una carga rápida y una experiencia de usuario fluida, especialmente en entornos web.

Los sonidos son otra dimensión esencial en la multimedia, son capaces de complementar y enriquecer la experiencia del usuario. Pueden ser utilizados para proporcionar retroalimentación auditiva, ambientar el entorno digital o incluso guiar al usuario a través de la interfaz. La calidad del sonido, la claridad, la frecuencia y el formato son factores determinantes en su efectividad.

Los vídeos son un tipo de contenido multimedia que combina imágenes en movimiento y sonido. Son particularmente efectivos para contar historias, demostrar procesos o presentar información de manera detallada. En un producto multimedia, los vídeos deben estar correctamente integrados y optimizados, para evitar tiempos de carga prolongados o interrupciones en la reproducción. Los aspectos técnicos como la resolución, la tasa de bits y el formato de codificación deben ser cuidadosamente seleccionados para adaptarse a la plataforma de destino y al ancho de banda disponible.

Las animaciones en 2D y 3D añaden una capa adicional de interactividad y dinamismo a los productos multimedia. Las animaciones en 2D suelen utilizarse para crear movimientos simples y transiciones que mejoran la fluidez y la cohesión visual del contenido. Por otro lado, las animaciones en 3D ofrecen una profundidad y realismo que pueden ser especialmente útiles en simulaciones, visualizaciones arquitectónicas o en productos que requieren una representación detallada de objetos o entornos complejos. El uso de animaciones debe ser equilibrado para no sobrecargar la interfaz y mantener la atención del usuario sin distraerlo de los objetivos principales.

Los iconos son pequeños gráficos que representan acciones, objetos o conceptos de manera simplificada. En el contexto de un producto multimedia, los iconos son esenciales para la navegación y la interacción, ya que proporcionan a los usuarios indicaciones visuales claras sobre las funcionalidades disponibles. Deben ser fácilmente reconocibles y estar alineados con las convenciones y expectativas del usuario.

Los elementos interactivos son aquellos componentes que permiten al usuario interactuar directamente con el contenido. Estos pueden incluir botones, menús desplegables, formularios y otros controles que facilitan la navegación y la personalización de la experiencia. Deben diseñarse con un enfoque en la usabilidad y asegurar que sean accesibles, fáciles de entender y rápidos de responder.

Para saber más

Para profundizar en el uso de contenidos multimedia en el diseño de interfaces, se recomienda explorar los principios de diseño de experiencia de usuario (UX) y cómo estos influyen en la selección y combinación de elementos multimedia. Recursos como el libro *No me hagas pensar* de Steve Krug ofrecen información valiosa sobre cómo crear interfaces que sean visualmente atractivas, y altamente funcionales y orientadas a la usabilidad.

3. Características de los contenidos multimedia: textos, imágenes, sonidos, vídeos, animaciones 2D y 3D, elementos interactivos y otros

La integración efectiva de elementos multimedia en un producto digital depende de la correcta elección de los tipos de contenidos, y de comprender sus características técnicas y cómo estas afectan su implementación y rendimiento.

3.1. Formatos

El formato de un contenido multimedia es fundamental, ya que determina cómo se almacenará, transmitirá y reproducirá ese contenido. Cada tipo de contenido multimedia —ya sea texto, imagen, sonido, vídeo o animación— tiene varios formatos asociados, cada uno con sus ventajas y desventajas en términos de calidad, compatibilidad y tamaño del archivo.

Para los textos, los formatos más comunes son .txt, .docx, .pdf y .html. Cada uno de estos formatos tiene usos específicos. Por ejemplo, .txt es ideal para almacenamiento de texto sin formato y sin estructura, mientras que .docx y .pdf se utilizan para documentos que requieren un formato estructurado y presentable. Por su parte, .html es el estándar para contenidos web y permite la inclusión de estilos, enlaces e interactividad.

Las imágenes se encuentran en formatos como .jpeg, .png, .gif y .svg. .jpeg es ampliamente utilizado por su capacidad de comprimir imágenes con una pérdida mínima de calidad y resulta ideal para fotografías. .png ofrece compresión sin pérdida y soporte para transparencias, lo que lo hace adecuado para gráficos y logotipos. .gif es común para animaciones simples de baja resolución, mientras que .svg es un formato vectorial que permite escalado sin pérdida de calidad, perfecto para gráficos que deben adaptarse a diferentes tamaños de pantalla.

Los sonidos suelen almacenarse en formatos como .mp3, .wav y .ogg. .mp3 es el más popular debido a su buena compresión con una calidad aceptable, lo que lo convierte en la opción preferida para música y *podcasts*. .wav ofrece calidad de sonido sin compresión y es la elección ideal para producción de audio profesional. .ogg es un formato abierto que ofrece una buena compresión, similar a .mp3, pero con un mayor enfoque en la calidad.

En el caso de los vídeos, los formatos más comunes son .mp4, .avi, .mov, y .webm. .mp4 es ampliamente utilizado por su equilibrio entre calidad y tamaño de archivo, compatible con la mayoría de los dispositivos y plataformas. .avi es un formato más antiguo que permite alta calidad de vídeo, pero genera archivos grandes, mientras que .mov es el formato nativo de Apple con una calidad excelente. .webm es optimizado para la web, ofrece buena calidad con un tamaño de archivo reducido.

Para las animaciones 2D y 3D, los formatos varían según el tipo de animación. .gif y .swf se utilizan para animaciones 2D simples y basadas en vectores, respectivamente. Para animaciones 3D, los formatos más usados son .fbx, .obj y .blend (usado por *Blender*). .fbx es ampliamente compatible con la mayoría del *software* de animación y motores de juegos.

Los elementos interactivos como botones, menús y controles pueden ser desarrollados en formatos .html, .css y .js para web, o utilizando tecnologías como ***Unity*** o ***Unreal Engine*** para aplicaciones más complejas. Estos formatos permiten que los elementos interactivos sean responsivos y se integren sin problemas en diferentes entornos digitales.

Nota

Es importante seleccionar el formato adecuado según las necesidades del proyecto, teniendo en cuenta factores como la calidad requerida, la compatibilidad con diferentes dispositivos y plataformas, y la velocidad de carga del contenido.

3.2. Tamaños

El tamaño de los archivos multimedia afecta directamente el rendimiento de un producto digital, especialmente en términos de tiempo de carga y almacenamiento. El tamaño de los archivos depende del formato utilizado, la calidad y resolución del contenido, y la cantidad de información contenida en ellos.

Para los textos, aunque los tamaños de archivo suelen ser relativamente pequeños, pueden aumentar significativamente si se incluyen elementos como imágenes, gráficos o extensas tablas. Los archivos .txt son los más ligeros, mientras que .pdf y .docx pueden variar ampliamente en tamaño según la complejidad del documento y los elementos multimedia incrustados.

Las imágenes pueden variar desde unos pocos kilobytes hasta varios megabytes. Las imágenes .jpeg tienden a ser más ligeras debido a su compresión con pérdida, lo que reduce significativamente el tamaño a expensas de una ligera disminución en la calidad visual. .png y .gif pueden ser más grandes debido a la compresión sin pérdida y, en el caso de .gif, la inclusión de múltiples fotogramas para animaciones. Las imágenes .svg suelen ser extremadamente ligeras, ya que se basan en la definición matemática de formas y colores en lugar de información pixelada.

En cuanto a los sonidos, los archivos .mp3 suelen ser pequeños, normalmente entre 3 y 5 MB por cada 4 min de audio de calidad estándar. .wav, al ser un formato sin compresión, puede ocupar hasta 10 veces más espacio para la misma duración. .ogg ofrece un tamaño de archivo similar o ligeramente mayor que .mp3, con una calidad de sonido superior en algunos casos.

Los vídeos suelen ocupar más espacio que otros tipos de contenido multimedia. Un vídeo en .mp4 de 5 min de duración en alta definición (1080 p) puede variar entre 100 y 500 MB, dependiendo de la tasa de bits y el códec utilizado. Los formatos de vídeo sin compresión, como algunos archivos .avi, pueden fácilmente superar varios gigabytes por minuto de vídeo.

Las animaciones 2D y 3D también varían ampliamente en tamaño. Una animación simple en .gif puede ser tan ligera como unos pocos kilobytes, mientras que un archivo .fbx con un modelo 3D detallado, incluyendo texturas y movimientos complejos, puede ocupar cientos de megabytes o más.

Los elementos interactivos, si bien pueden parecer ligeros, pueden sumar considerablemente en tamaño total del producto cuando incluyen múltiples *scripts,* hojas de estilo y recursos gráficos. HTML, CSS, y JS suelen ser bastante ligeros, pero cuando se combinan con gráficos y bibliotecas externas, pueden aumentar el tamaño del archivo final.

Ejemplo

En un proyecto web de comercio electrónico, las imágenes de productos se optimizan utilizando .jpeg para reducir su tamaño a unos 200-300 kB cada una, mientras que los archivos de sonido para las notificaciones se mantienen en formato .mp3 con un tamaño de menos de 100 kB. Los vídeos de demostración de productos se codifican en .mp4 con una resolución de 720 p, manteniendo el tamaño por debajo de 50 MB para asegurar una carga rápida sin comprometer demasiado la calidad visual.

3.3. Dimensiones espaciales

Las dimensiones espaciales en los contenidos multimedia se refieren a las características físicas que definen el tamaño y la forma de un contenido en la pantalla. Este aspecto sirve para asegurar que los elementos multimedia se visualicen correctamente en diferentes dispositivos y resoluciones, manteniendo la calidad visual y la coherencia estética.

Para las imágenes, las dimensiones espaciales suelen expresarse en píxeles, que determinan el ancho y el alto de la imagen. Por ejemplo, una imagen de 1920x1080 píxeles *(full HD)* tiene una relación de aspecto de 16:9, adecuada para pantallas de televisión o monitores de ordenador. Es fundamental que las imágenes se ajusten a la resolución del dispositivo en el que se visualizan, para evitar distorsiones o pixelaciones. Además, las imágenes vectoriales, como las que se encuentran en formato .svg, son independientes de la resolución, lo que permite su escalado sin pérdida de calidad. Son ideales para logotipos o gráficos que deben mostrarse en múltiples tamaños.

En el caso de los vídeos, las dimensiones espaciales también se expresan en píxeles y están vinculadas a la resolución del vídeo, como 720 p (1280x720 píxeles), 1080 p (1920x1080 píxeles) o 4 K (3840x2160 píxeles). La elección de la resolución adecuada depende del propósito del vídeo y del dispositivo de destino. Los vídeos de mayor resolución ofrecen una calidad visual superior, pero también requieren de más recursos en términos de almacenamiento y ancho de banda para su transmisión.

Las animaciones 2D y 3D también están sujetas a dimensiones espaciales. En las animaciones 2D, las dimensiones suelen coincidir con las del entorno en el que se integran, como una página web o una aplicación móvil. Las animaciones 3D, por otro lado, implican un espacio tridimensional que se define por su ancho, alto y profundidad.

Los elementos interactivos, como botones o menús, también tienen dimensiones espaciales que deben ser optimizadas para su usabilidad. Un botón en una interfaz debe ser lo suficientemente grande como para ser fácilmente seleccionable, especialmente en dispositivos móviles, donde el espacio de pantalla es limitado.

Nota

Es importante considerar la adaptación de las dimensiones espaciales a dispositivos con diferentes tamaños de pantalla y resoluciones. El diseño responsivo es una técnica clave que permite que el contenido multimedia se ajuste automáticamente, asegurando una experiencia óptima en cualquier dispositivo, desde teléfonos móviles hasta monitores de alta definición.

3.4. Dimensiones temporales

Las dimensiones temporales en los contenidos multimedia se refieren a la duración y el ritmo en que se presentan los elementos a los usuarios. Este aspecto es importante en la creación de experiencias multimedia dinámicas, donde el tiempo es clave en cómo se percibe e interactúa con el contenido.

En los vídeos, la dimensión temporal se expresa en la duración total del contenido, generalmente medida en minutos y segundos. Además, la tasa de fotogramas (*frames per second* o fps) determina la fluidez del movimiento en el vídeo. Un vídeo estándar de 24 fps proporciona una reproducción suave y cinematográfica, mientras que 30 fps o 60 fps se utilizan para contenidos que requieren de una mayor nitidez y suavidad, como transmisiones deportivas o videojuegos. La duración y el ritmo de un vídeo deben ajustarse al propósito y al contexto en el que se utilizará. Por ejemplo, un tutorial puede necesitar un ritmo más pausado para facilitar la comprensión, mientras que un anuncio publicitario debe ser breve y dinámico para captar rápidamente la atención del espectador.

Las animaciones también tienen dimensiones temporales que afectan a su efectividad. En las animaciones 2D, la duración y la velocidad de las transiciones entre fotogramas determinan la percepción del movimiento. Las animaciones rápidas pueden generar una sensación de urgencia o energía, mientras que las transiciones más lentas pueden transmitir calma o formalidad. En las animaciones 3D, además de la tasa de fotogramas, es importante considerar la sincronización de los movimientos con otros elementos multimedia, como sonido o interacción del usuario, para crear una experiencia coherente y envolvente.

El sonido, al igual que el vídeo y la animación, también tiene una dimensión temporal. La duración de un clip de audio, así como el tiempo en que se reproduce dentro de una secuencia multimedia, puede influir en la percepción del contenido. Además, la sincronización del audio con otros elementos multimedia, como la sincronización labial en vídeos o el tiempo de aparición de efectos sonoros en animaciones, es importante para mantener la coherencia y la inmersión del usuario en la experiencia.

Los elementos interactivos presentan una dimensión temporal en la respuesta a las acciones del usuario. La retroalimentación inmediata es esencial para asegurar una experiencia fluida y satisfactoria. Por ejemplo, al hacer clic en un botón, el usuario espera una respuesta instantánea, como un cambio de pantalla o una animación. Cualquier retraso en esta respuesta puede causar frustración y disminuir la percepción de calidad del producto.

Ejemplo

En un videojuego, las dimensiones temporales son críticas para la jugabilidad. El ritmo del juego, la velocidad de las animaciones y la sincronización del sonido con las acciones del jugador deben estar cuidadosamente ajustados para crear una experiencia inmersiva y desafiante. Un combate en un juego de acción, por ejemplo, requiere de animaciones rápidas y sonido sincronizado con cada golpe, mientras que un juego de estrategia puede tener un ritmo más lento, para permitir al jugador tomar decisiones con calma.

Actividades

1. Investigue los diferentes formatos multimedia que se utilizan actualmente para la creación de contenido interactivo en plataformas educativas en línea.
2. Explore cómo las dimensiones temporales, como la duración y el ritmo de los vídeos y animaciones, afectan la experiencia del usuario en aplicaciones móviles.

4. Selección de contenidos en relación con el producto multimedia

La selección de contenidos multimedia es relevante en el diseño de cualquier producto digital, ya que determina cómo se presentará la información al usuario final y cómo interactuará con ella. La naturaleza y el propósito del producto multimedia influyen directamente en los tipos de contenido que deben ser seleccionados, así como en la manera en que estos se integrarán.

4.1. Libro electrónico

Los libros electrónicos *(e-books)* son una de las formas más comunes de productos multimedia que combinan texto con otros elementos interactivos y visuales. La selección de contenidos para un libro electrónico debe enfocarse en mantener un equilibrio entre la facilidad de lectura y la interactividad. El texto sigue siendo el componente principal. Su formato debe estar optimizado para una legibilidad máxima en pantallas de diferentes tamaños, desde *e-readers* hasta tabletas y teléfonos móviles. El uso de tipografías legibles y el control del espaciado son aspectos clave.

En cuanto a las imágenes, estas deben complementar el texto, proporcionando ilustraciones, diagramas o gráficos que ayuden a explicar conceptos o agregar valor visual al contenido. Las imágenes en un *e-book* deben ser de alta resolución, para asegurar que se vean bien en dispositivos con diferentes densidades de píxeles, pero también deben estar optimizadas para no aumentar demasiado el tamaño del archivo del libro.

Los elementos interactivos, como enlaces internos que facilitan la navegación entre capítulos o secciones, y la inclusión de notas al pie desplegables, pueden mejorar significativamente la experiencia del usuario. Sin embargo, es importante que estos elementos no interfieran con la lectura fluida del texto.

Ejemplo

En un libro electrónico sobre historia del arte, se pueden incluir enlaces interactivos que permitan al lector explorar galerías de imágenes de obras de arte relevantes, vídeos cortos que expliquen técnicas artísticas y notas de audio que describan detalles importantes de ciertas piezas. Estos contenidos enriquecen la experiencia del lector, ofreciendo un aprendizaje más profundo e inmersivo.

4.2. CD-ROM

El CD-ROM, aunque menos común en la actualidad, sigue siendo utilizado en contextos específicos, como la distribución de *software,* bases de datos especializadas y material educativo. La selección de contenidos para un CD-ROM debe considerar tanto la capacidad limitada de almacenamiento del medio como la necesidad de funcionar sin conexión a internet.

En un CD-ROM, los contenidos multimedia suelen incluir textos, imágenes, vídeos y animaciones, organizados en una interfaz que facilite la navegación. Dado que el CD-ROM tiene una capacidad de almacenamiento limitada (generalmente 700 MB), se deben optimizar todos los archivos multimedia para que ocupen el menor espacio posible sin comprometer la calidad.

Los textos en un CD-ROM deben estar bien estructurados y ser fáciles de navegar. A menudo son presentados en formato .html o .pdf, para asegurar la compatibilidad y la facilidad de acceso. Las imágenes deben ser comprimidas adecuadamente para reducir el tamaño del archivo. Los vídeos deben estar en formatos como .mp4, con una tasa de bits moderada para mantener un equilibrio entre calidad y tamaño. Las animaciones en un CD-ROM pueden ser utilizadas para mejorar la presentación del contenido, como en tutoriales interactivos o demostraciones de *software.*

Nota

En la creación de un CD-ROM es importante considerar la compatibilidad del contenido con los sistemas operativos más utilizados, ya que no todos los dispositivos modernos cuentan con lectores de CD integrados. Además, el contenido debe ser autoejecutable o incluir instrucciones claras sobre cómo acceder a los archivos.

4.3. DVD interactivo

El DVD interactivo se utiliza principalmente para aplicaciones en las que el usuario interactúa directamente con el contenido, como en cursos de formación, material educativo, presentaciones corporativas o entretenimiento. La capacidad de almacenamiento de un DVD (generalmente 4,7 GB para un DVD de una capa) permite la inclusión de una gran cantidad de contenido multimedia de alta calidad, lo que lo hace ideal para materiales ricos en vídeos, audio y gráficos interactivos.

La selección de contenidos para un DVD interactivo debe centrarse en crear una experiencia de usuario envolvente. Los vídeos son el componente más común y suelen estar en alta resolución, optimizados para la reproducción en televisores o monitores. Además de los vídeos, se pueden incluir presentaciones con gráficos animados, textos descriptivos y transiciones visuales fluidas que guíen al usuario a través de los diferentes menús y opciones.

El sonido también juega un papel importante en un DVD interactivo, tanto en forma de narración como en efectos de sonido que acompañen las transiciones o realcen la interactividad del contenido. El audio debe estar en un formato de alta calidad, como .aac o .ac3, para asegurar una experiencia auditiva envolvente. Los elementos interactivos en un DVD, como menús de selección, capítulos navegables y cuestionarios interactivos, deben estar bien diseñados para facilitar el acceso a la información.

Ejemplo

Un DVD interactivo sobre formación en seguridad laboral podría incluir vídeos de simulaciones de situaciones de emergencia, animaciones que expliquen procedimientos de seguridad y cuestionarios interactivos que evalúen el conocimiento del usuario después de cada módulo. Estos elementos se integran para crear un recurso educativo completo y atractivo.

4.4. Publicación sobre internet

Las publicaciones en internet, como sitios web, blogs y aplicaciones web, requieren de una selección de contenidos multimedia que priorice la accesibilidad, la rapidez de carga y la interacción constante con el usuario.

El texto en publicaciones web debe ser conciso y escaneable. Se utilizarán subtítulos, listas y destacados para facilitar la lectura rápida. Los formatos más comunes incluyen .html para la estructura básica y .css para el estilo, con el uso de .pdf para documentos descargables. Es esencial que el texto esté optimizado para SEO *(Search Engine Optimization)* para mejorar la visibilidad en motores de búsqueda.

Las imágenes deben estar en formatos como .jpeg o .png, optimizadas para web mediante la reducción de su tamaño sin comprometer la calidad, para asegurar tiempos de carga rápidos. También es importante considerar la utilización de formatos de imagen modernos como .webp, que ofrecen mejor compresión y calidad.

Los vídeos en publicaciones en línea deben estar alojados en plataformas de *streaming* como *YouTube* o *Vimeo,* o bien ser incrustados directamente en la página en formatos como .mp4 con baja tasa de bits para evitar el consumo excesivo de ancho de banda. La reproducción automática de vídeos debe ser evitada para no interferir con la experiencia del usuario, a menos que sea esencial para el contenido.

Los elementos interactivos, como menús, formularios y botones, deben ser diseñados para que la interacción resulte rápida y fluida. Estos elementos deben ser responsivos y accesibles, cumplir con las pautas de accesibilidad web, para que las personas con alguna discapacidad puedan interactuar con el contenido sin dificultades.

Sabía que...

Para optimizar la selección de contenidos en publicaciones web, herramientas como *Google PageSpeed Insights* y *GTmetrix* son útiles para analizar el rendimiento de una página y sugerir mejoras en la optimización de imágenes, vídeos y otros elementos multimedia. Además, el uso de *frameworks* como *Bootstrap* facilita el diseño de interfaces responsivas y accesibles.

Está a cargo de la creación de dos productos multimedia diferentes. Para cada uno, elija el tipo de contenido multimedia más adecuado y explique brevemente por qué es la mejor opción:

- ***e-book*** **educativo**
- **DVD interactivo para formación empresarial**

SOLUCIÓN

e-book educativo: texto, imágenes optimizadas y enlaces interactivos. El texto es el componente principal y debe estar optimizado para la legibilidad en dispositivos de diferentes tamaños. Las imágenes complementan el contenido textual, ayudando a explicar conceptos y añadiendo valor visual, mientras que los enlaces interactivos mejoran la navegación dentro del *e-book*, permitiendo a los lectores saltar entre capítulos o acceder a recursos adicionales.

DVD interactivo para formación empresarial: vídeos de alta resolución, animaciones y cuestionarios interactivos. Los vídeos de alta resolución son ideales para mostrar simulaciones y ejemplos prácticos. Las animaciones pueden ser utilizadas para explicar conceptos complejos de manera visual. Los cuestionarios interactivos permiten evaluar el conocimiento del usuario, creando una experiencia educativa completa y atractiva.

5. Arquitectura de las pantallas

La arquitectura de las pantallas en productos multimedia es un aspecto fundamental que define cómo se organiza, presenta y navega la información en una interfaz digital. Una arquitectura de pantalla bien diseñada asegura que el usuario pueda interactuar con el producto de manera intuitiva y eficiente, mejorando la experiencia general y facilitando el cumplimiento de los objetivos del producto.

Uno de los primeros aspectos que considerar es la **disposición visual** de los elementos. Esto incluye la alineación, el espaciado y la organización jerárquica del contenido. Una disposición visual clara y lógica ayuda al usuario a entender rápidamente la estructura de la información y a encontrar lo que busca sin esfuerzo. Por ejemplo, la alineación de los textos e imágenes en columnas o filas puede crear un flujo natural de lectura, mientras que el uso de espacios en blanco (márgenes, *padding)* puede prevenir la sobrecarga visual y hacer que la pantalla sea más agradable a la vista.

La **jerarquía visual** se establece mediante el uso de tamaños, colores y contrastes para guiar la atención del usuario hacia los elementos más importantes de la pantalla. Por ejemplo, en una pantalla de inicio de un sitio web, el título principal o un llamado a la acción debe ser lo primero que capte la atención del usuario, seguido por otros elementos menos prioritarios, como el texto secundario o los enlaces adicionales.

La **navegación** es otro pilar central en la arquitectura de las pantallas. Un sistema de navegación bien estructurado facilita el movimiento entre diferentes secciones del producto, permitiendo al usuario acceder a la información deseada con facilidad. Esto incluye decisiones sobre la ubicación del menú (por ejemplo, en la parte superior o lateral de la pantalla), el tipo de menú (estático, desplegable, hamburguesa, etc.), y la nomenclatura utilizada para los enlaces.

La **consistencia** en el diseño de las pantallas permite mantener la coherencia en la experiencia del usuario. Esto implica que todos los elementos de la interfaz, desde los botones hasta los iconos y los estilos de texto, sigan un diseño uniforme en todo el producto. La consistencia refuerza la identidad visual del producto y reduce la curva de aprendizaje del usuario, permitiéndole familiarizarse rápidamente con el entorno digital.

Otro aspecto importante es la **adaptabilidad** y la **responsividad** de las pantallas. El diseño responsivo asegura que el contenido se reorganice automáticamente para adaptarse a diferentes resoluciones y orientaciones de pantalla, manteniendo la funcionalidad y la legibilidad sin importar el dispositivo.

La **accesibilidad** es también un componente crítico de la arquitectura de las pantallas. El diseño debe cumplir con los estándares de accesibilidad, como los establecidos por el W3C, para garantizar que todos los usuarios, incluidas las personas con alguna discapacidad, puedan interactuar con el contenido.

Sabía que...

Un concepto clave en la arquitectura de las pantallas es el *mobile-first design*, que sugiere diseñar primero para dispositivos móviles y luego adaptar el diseño para pantallas más grandes. Esta estrategia asegura que el contenido más importante sea accesible incluso en las pantallas más pequeñas, mejorando la usabilidad en una variedad de contextos.

También hay que considerar el **rendimiento** de las pantallas. Una interfaz visualmente compleja puede resultar atractiva, pero si ralentiza el rendimiento del producto el usuario puede frustrarse.

Ejemplo

En una aplicación de banca móvil, la arquitectura de las pantallas debe priorizar la facilidad de acceso a las funciones principales, como la consulta de saldo, la transferencia de dinero y el pago de servicios. La pantalla de inicio podría organizarse con grandes botones para cada función, una jerarquía visual clara donde las acciones más frecuentes están en la parte superior, y una barra de navegación fija en la parte inferior para acceder rápidamente a otras secciones de la aplicación.

Actividades

Explore cómo la estrategia de diseño *mobile-first* ha transformado la forma en que se desarrolla la arquitectura de pantallas en productos multimedia.

6. El color. Equilibrio de color

El color es un elemento fundamental en el diseño de productos multimedia, ya que influye directamente en la percepción del usuario, la legibilidad del contenido y la cohesión visual de la interfaz. Un uso adecuado del color puede guiar la atención del usuario, crear jerarquías visuales y establecer una identidad visual coherente.

6.1. Principios y bases

El equilibrio de color en el diseño se refiere a la armonización de los colores utilizados en una pantalla para crear una composición visualmente agradable y funcional.

Uno de los principios fundamentales es el **contraste.** El contraste adecuado entre el fondo y el primer plano asegura la legibilidad del texto y la visibilidad de los elementos interactivos. Por ejemplo, un texto oscuro sobre un fondo claro ofrece un buen contraste y facilita la lectura. Sin embargo, el contraste no solo se refiere al brillo, sino también al tono y la saturación de los colores.

Otro principio es la **armonía** del color, que implica la combinación de colores que se complementan entre sí para crear una apariencia visualmente coherente. La armonía de color se puede lograr utilizando esquemas de color como los colores complementarios (colores opuestos en la rueda de color), colores análogos (colores adyacentes en la rueda de color) o el esquema triádico (tres colores equidistantes en la rueda de color).

El **equilibrio** del color también es importante. Un diseño equilibrado distribuye el uso de colores en la pantalla de manera que no sature ni abrume al usuario. Esto puede implicar el uso de un color dominante con otros colores de apoyo que actúan como acentos, asegurando que ningún color se destaque en exceso, a menos que sea necesario para cumplir un propósito específico, como destacar un botón de llamada a la acción.

6.2. Terminología básica

Para entender y aplicar correctamente el color en el diseño multimedia, hay que familiarizarse con terminología básica relacionada con este:

- **Matiz *(hue):*** color puro, tal como lo percibimos en la rueda de color, como rojo, azul, verde, etc.
- **Saturación:** mide la intensidad o pureza de un color. Un color saturado es vívido y brillante, mientras que un color desaturado se acerca al gris.
- **Brillo *(brightness o value):*** luminosidad u oscuridad de un color. Ajustar el brillo puede cambiar cómo un color se percibe en diferentes contextos.
- **Tono *(tone):*** resultado de añadir gris a un color, lo que reduce su saturación.
- **Sombra *(shade):*** resultado de añadir negro a un color, haciendo que se vea más oscuro.
- **Tinte *(tint):*** resultado de añadir blanco a un color, haciéndolo más claro.
- **Gama cromática:** gama completa de colores que se pueden mostrar o imprimir en un dispositivo.

6.3. Espacios cromáticos y modelos de color

Los espacios cromáticos y los modelos de color son sistemas que describen cómo los colores se representan y se mezclan en diferentes medios. Entre estos encontramos:

- **RGB *(red, green, blue):*** es un modelo de color aditivo que se utiliza en pantallas digitales. Los colores se crean combinando luz roja, verde y azul en diferentes intensidades. El modelo RGB es el estándar para todo lo que se ve en pantallas, desde monitores hasta teléfonos móviles.
- **CMYK *(cyan, magenta, yellow, black):*** es un modelo de color sustractivo que se utiliza en la impresión. Los colores se crean combinando tintas de cian, magenta, amarillo y negro. CMYK es importante para asegurar que los colores en pantalla se traduzcan correctamente en papel.
- **LAB:** es un espacio de color diseñado para ser perceptualmente uniforme, lo que significa que las diferencias de color son consistentes en

todo el espectro. LAB es independiente de los dispositivos y es útil para conversiones precisas entre RGB y CMYK.

- **Espacio de color sRGB:** es el espacio de color más común utilizado en la web y en pantallas. Estandarizado por la mayoría de los dispositivos, sRGB asegura una representación consistente de los colores en diferentes dispositivos digitales.
- **Espacio de color Adobe RGB:** tiene una gama de colores más amplia que sRGB, lo que lo hace más adecuado para trabajos de impresión de alta calidad y fotografía profesional.

Para saber más

Para una comprensión más profunda de los espacios cromáticos y modelos de color, se recomienda estudiar la teoría del color en el contexto de la gestión del color en la impresión y el diseño digital.

6.4. Sistemas de ordenación de los colores: cartas y bibliotecas de colores

Los sistemas de ordenación de los colores son herramientas utilizadas por diseñadores y artistas para seleccionar y gestionar colores de manera consistente y predecible. Estas herramientas incluyen:

- **Cartas de colores:** las cartas físicas, como las de Pantone, ofrecen una referencia tangible para seleccionar colores que se puedan reproducir en diferentes materiales. *Pantone Matching System* (PMS) es el sistema más conocido y utilizado en la industria de la impresión.
- **Bibliotecas de colores digitales:** en herramientas de diseño digital como *Adobe Photoshop* o *Illustrator*, las bibliotecas de colores proporcionan una amplia gama de opciones de color predefinidas que pueden ser aplicadas directamente en proyectos.

- **Rueda de color:** es una representación gráfica que organiza los colores en función de su relación entre sí. Es útil para crear esquemas de color armónicos y equilibrados.

6.5. Gestión de color. Sistemas de gestión. Calibración

La gestión del color es el proceso de controlar cómo se reproducen los colores en diferentes dispositivos y entornos, asegurando que los colores que se ven en pantalla coincidan con los colores impresos o vistos en otros dispositivos. Debemos conocer algunos aspectos de este proceso:

- **Sistemas de gestión del color (CMS):** estos sistemas integran *software* y *hardware* para asegurar la consistencia del color. *Adobe Color Management* y *ICC profiles* (International Color Consortium) son ejemplos de CMS que ayudan a los diseñadores a mantener la coherencia del color en diferentes dispositivos.
- **Perfiles ICC:** los perfiles ICC son archivos que describen cómo un dispositivo específico reproduce los colores. Estos perfiles se utilizan para ajustar y calibrar monitores, impresoras y otros dispositivos de salida para asegurar que los colores se mantengan constantes a lo largo del proceso de producción.
- **Calibración:** la calibración es el proceso de ajustar los dispositivos de entrada y salida para asegurar que reproduzcan colores precisos. La calibración de monitores, por ejemplo, es fundamental para los diseñadores gráficos, ya que asegura que los que se ven en pantalla sean una representación precisa de los colores reales. Hay herramientas, como el calibrador *X-Rite* o *Spyder* de Datacolor, que son comúnmente utilizadas para este propósito.
- **Pruebas de color:** antes de la producción final, es común realizar pruebas de color para asegurar que los colores seleccionados se reproduzcan correctamente en el medio final. Estas pruebas son esenciales en la impresión, pues pequeñas variaciones pueden tener un gran impacto en el resultado final.

Actividades

4. ¿Cómo se integran las cartas de colores físicas, como Pantone, con las bibliotecas de colores digitales en herramientas de diseño como *Adobe Photoshop* e *Illustrator* para asegurar una reproducción precisa del color en diferentes medios?
5. ¿Por qué es fundamental la calibración de monitores en el proceso de gestión del color? ¿Cómo pueden herramientas como *X-Rite* o *Spyder* de Datacolor garantizar que los colores en pantalla coincidan con los colores impresos?

7. Esquemas de composición y arquitectura gráfica

La composición y la arquitectura gráfica son fundamentales en el diseño de productos multimedia, ya que determinan cómo se organiza y presenta la información visualmente. Un buen esquema de composición asegura que el contenido sea accesible y de una estética agradable, y que el usuario pueda fácilmente navegar.

7.1. Tipos básicos de composición visual

Existen varios tipos de composición visual que se utilizan comúnmente en el diseño gráfico y multimedia:

- **Composición simétrica:** los elementos se distribuyen de manera equilibrada alrededor de un eje central. Este tipo de composición genera una sensación de orden y estabilidad. Es ideal para diseños que buscan transmitir formalidad. Por ejemplo:

- **Composición asimétrica:** los elementos se organizan de manera desigual pero equilibrada, lo que crea dinamismo e interés visual. Este tipo de composición es más flexible y se utiliza cuando se busca una apariencia moderna y atractiva. Por ejemplo:

- **Composición en cuadrícula *(grid):*** se basa en la alineación de elementos a lo largo de líneas horizontales y verticales que forman una cuadrícula. Es una técnica muy efectiva para organizar grandes cantidades de información, como en páginas web y publicaciones impresas. Por ejemplo:

7.2. Distribución y peso de los elementos

La distribución y el peso de los elementos en una composición gráfica es algo clave para guiar la atención del usuario y crear un diseño armonioso.

La **distribución equilibrada** implica repartir los elementos de manera uniforme, de modo que el diseño no se vea sobrecargado en ninguna área. El equilibrio visual puede lograrse utilizando tamaños, colores y formas de manera que cada parte del diseño contribuya al conjunto sin dominarlo.

El **peso visual** se refiere a la importancia o impacto que un elemento tiene dentro de la composición. Los elementos más grandes, de colores más saturados o con mayor contraste, suelen tener más peso visual y atraen más la atención.

7.3. Diagramas, esquemas, planos, cuadros, tablas

Estos recursos visuales son herramientas eficaces para organizar y presentar información compleja de manera clara y comprensible:

- **Diagramas:** son representaciones gráficas que muestran relaciones entre conceptos o partes de un sistema. Son útiles para explicar procesos o estructuras de manera visual.
- **Esquemas:** similares a los diagramas, los esquemas simplifican y estructuran la información, poniendo el énfasis en los aspectos más importantes. Se utilizan comúnmente en guías y manuales.
- **Planos:** son representaciones detalladas de un espacio o estructura. Se utilizan en diseño arquitectónico y urbano para mostrar cómo se distribuyen los elementos en un espacio físico.
- **Cuadros y tablas:** organizan la información en filas y columnas, para facilitar la comparación y análisis de datos. Son herramientas indispensables en informes y presentaciones donde se necesita claridad y precisión.

Aplicación práctica

Se le ha encargado la tarea de organizar y presentar un informe digital sobre el crecimiento del mercado tecnológico. Este informe incluirá una gran cantidad de datos, conceptos interrelacionados y análisis visuales que deben ser fáciles de entender y por los cuales al usuario le resulte fácil navegar. Explique brevemente qué tipo de composición visual (simétrica, asimétrica o en cuadrícula) y qué herramientas gráficas (diagramas, esquemas, planos, cuadros o tablas) utilizaría para diseñar el informe. Justifique cómo estas elecciones ayudarán a organizar y presentar la información de manera efectiva.

SOLUCIÓN

Se elegiría la composición en cuadrícula, ya que es ideal para organizar grandes cantidades de información en el informe digital. Este enfoque asegura que los datos y textos estén alineados de manera clara y coherente, lo cual facilita la navegación y la lectura. Como herramientas gráficas, se emplearían cuadros, tablas y diagramas, ya que los primeros

Continúa en página siguiente >>

<< Viene de página anterior

permiten organizar y comparar datos de manera clara y precisa, lo que es relevante en un informe sobre el crecimiento del mercado. Los diagramas, por otro lado, son útiles para mostrar relaciones entre conceptos y visualizar tendencias, ayudan al lector a entender mejor los análisis presentados.

8. Principales problemas relacionados con la maquetación

La maquetación en el diseño de productos multimedia implica organizar y distribuir los elementos en la pantalla de manera que se logre una presentación visual coherente y efectiva. Este proceso puede presentar varios desafíos que, si no se manejan adecuadamente, pueden afectar negativamente a la experiencia del usuario.

8.1. Integración de textos

Uno de los desafíos más comunes en la maquetación es la integración efectiva del texto. El texto debe ser legible y estar bien alineado con otros elementos en la página. Algunos problemas, como el desbordamiento de texto (que el contenido no se ajuste correctamente al espacio asignado), pueden afectar la presentación y hacer que la lectura sea difícil. Además, la falta de coherencia en la tipografía, como el uso inconsistente de fuentes, tamaños y estilos, puede generar una experiencia visual desordenada y confusa.

Nota

Para evitar problemas con la integración del texto, es útil emplear herramientas de diseño que permitan previsualizar cómo se verá el contenido en diferentes dispositivos y tamaños de pantalla. Esto nos certifica que el texto se mantenga legible y bien organizado en todos los contextos.

8.2. Variables visuales de la tipografía

La tipografía es un componente esencial del diseño. Su manejo incorrecto puede llevar a problemas de legibilidad y estética. Las variables visuales de la tipografía incluyen el tamaño de la fuente, el interlineado, el espaciado entre letras (*tracking*) y el grosor del trazo (*weight*). Utilizar fuentes demasiado pequeñas o con un espaciado insuficiente puede hacer que el texto sea difícil de leer, especialmente en dispositivos móviles. Por otro lado, un interlineado excesivo o un espaciado demasiado amplio entre letras puede hacer que el texto parezca desarticulado y perder su impacto visual. Además, el uso de demasiadas fuentes diferentes en un solo diseño puede distraer y confundir al usuario.

Ejemplo

En una aplicación de noticias, el uso de una tipografía sans-serif clara y de gran tamaño para los titulares asegura que el lector pueda captar rápidamente la información clave, mientras que un interlineado apropiado mejora la legibilidad de los artículos largos.

8.3. Integración de imágenes

La integración de imágenes en la maquetación puede presentar varios problemas, especialmente en términos de tamaño, formato y alineación con el resto del contenido. Las imágenes que no están correctamente optimizadas pueden aumentar significativamente el tiempo de carga, lo que afectará a la experiencia del usuario. Además, las imágenes que no se alineen bien con el texto o que se presenten en resoluciones inapropiadas pueden romper la coherencia visual del diseño. Otro problema común es el uso de imágenes con resoluciones demasiado bajas, lo que puede resultar en una apariencia pixelada o borrosa, particularmente en pantallas de alta resolución.

Nota

Utilizar formatos de imagen como .png o .webp puede ayudar a mantener la calidad visual mientras se optimiza el tamaño del archivo, lo que mejora el rendimiento de la página o aplicación.

8.4. Integración de elementos multimedia

La integración de elementos multimedia, como vídeos, audios y animaciones, puede enriquecer la experiencia del usuario, pero también introduce complejidad en la maquetación. Los principales problemas surgen cuando estos elementos no están bien sincronizados con el resto del contenido o cuando su inclusión no está justificada desde un punto de vista funcional. Los vídeos que se cargan lentamente, los audios que se reproducen automáticamente sin el consentimiento del usuario o las animaciones que distraen en lugar de guiar, pueden frustrar a los usuarios y desviar su atención de los mensajes clave.

Ejemplo

En una página de producto, un vídeo corto que demuestra el uso del producto puede ser muy efectivo, siempre que se cargue rápidamente y se integre de manera que no interfiera con la navegación o la lectura del texto.

8.5. Tamaño, formato y resolución

El tamaño, formato y resolución de todos los elementos en la maquetación son factores críticos que afectan tanto a la estética como a la funcionalidad del diseño. Utilizar tamaños incorrectos puede desbalancear la composición visual, mientras que los formatos inapropiados pueden comprometer la calidad de los elementos gráficos y multimedia. La resolución es particularmente importante en la era de las pantallas de alta definición (los elementos visuales que se ven bien en una pantalla de baja resolución pueden parecer deslucidos o pixelados en una pantalla de alta resolución). Además, es esencial considerar la responsividad, lo que asegura que todos los elementos se ajusten y mantengan su calidad en dispositivos de diferentes tamaños y resoluciones.

Aplicación práctica

Está revisando la maquetación de un nuevo sitio web y ha identificado que hay problemas que afectan negativamente a la experiencia del usuario. En varias páginas, el texto se desborda fuera de los cuadros asignados, algunas imágenes se ven borrosas en dispositivos móviles, y los vídeos tardan en cargarse y no están sincronizados con el resto del contenido. ¿Cuál es el problema principal en esta situación?

SOLUCIÓN

El problema descrito incluye varios aspectos relacionados con el tamaño, formato y resolución de los elementos de la maquetación. El desbordamiento de texto sugiere un problema con el ajuste de tamaño del cuadro de texto. Las imágenes borrosas en dispositivos móviles indican que las resoluciones no están adecuadamente optimizadas para diferentes pantallas. Que la carga sea lenta y haya falta de sincronización de los vídeos significa que los formatos y tamaños de archivo no están bien optimizados.

9. Distribución de los elementos y peso informativo

La distribución de los elementos en un diseño y su peso informativo determinan cómo el usuario percibe y navega por el contenido. Un diseño equilibrado debe considerar tanto los aspectos estéticos como los técnicos, para asegurar que el contenido sea legible, visualmente atractivo y funcionalmente efectivo.

9.1. Criterios estéticos

Los criterios estéticos en la distribución de los elementos se centran en la armonía visual y el atractivo del diseño. La disposición de los elementos debe crear un equilibrio visual que guíe al usuario a través del contenido de manera natural. La simetría, el contraste, la repetición y la alineación son principios básicos que ayudan a lograr este equilibrio.

Ejemplo

En una página web de fotografía, la distribución de las imágenes en una cuadrícula simétrica, con un uso generoso de espacio en blanco, permite que cada fotografía se destaque por sí sola, mientras que la alineación y el contraste en los títulos de las secciones guían al usuario de manera intuitiva a través del contenido.

9.2. Criterios técnicos

Los criterios técnicos hacen referencia a las limitaciones y requisitos del medio en el que se distribuyen los elementos. Esto incluye aspectos como la compatibilidad con diferentes dispositivos y navegadores, la optimización de los tiempos de carga y el uso eficiente de los recursos del sistema. Es esencial que el diseño sea responsivo, que se adapte a diferentes tamaños de pantalla y resoluciones sin perder su funcionalidad ni su calidad visual. Además, los elementos multimedia deben estar optimizados, para no afectar el rendimiento general del producto.

Ejemplo

En una aplicación móvil de comercio electrónico, los productos se muestran en una lista vertical que se ajusta automáticamente al tamaño de la pantalla. Las imágenes de los productos están optimizadas en formato .webp para mantener una alta calidad con un tamaño de archivo reducido, lo cual garantiza una carga rápida incluso en conexiones más lentas.

9.3. Criterios de legibilidad

La legibilidad es un criterio fundamental que asegura que el contenido textual sea fácil de leer y comprender. Esto implica una selección cuidadosa de la tipografía, el tamaño del texto, el interlineado y el espaciado entre letras. Además, el contraste entre el texto y el fondo debe ser suficiente para que el contenido sea legible en diferentes condiciones de iluminación y en dispositivos variados. La disposición del texto también juega un papel clave: los bloques de texto no deben ser demasiado largos y los párrafos deben estar claramente delimitados para facilitar la lectura.

Ejemplo

En un blog de recetas, el texto de las instrucciones está organizado en listas numeradas con un interlineado amplio, utilizando una fuente sans-serif de tamaño grande. El contraste entre el texto negro y el fondo blanco asegura que el contenido sea fácil de leer, incluso en dispositivos móviles bajo la luz del sol.

9.4. Criterios de calidad sonora y auditiva

Cuando se integran elementos sonoros en un diseño multimedia, hay que garantizar que la calidad del sonido sea alta y adecuada para el propósito del contenido. Esto incluye la claridad del audio, el balance entre diferentes pistas sonoras y la eliminación de ruidos de fondo o distorsiones. El sonido debe complementar la experiencia visual sin ser intrusivo. Su volumen debe estar ajustado para no sobresalir demasiado ni ser apenas audible. Además, los controles de audio deben ser fácilmente accesibles, para que el usuario pueda ajustar el volumen o silenciar el sonido según sus preferencias.

Ejemplo

En una aplicación de meditación, los sonidos de fondo como la música relajante y los sonidos de la naturaleza están cuidadosamente equilibrados para no distraer al usuario, permitiendo que la voz del instructor sea clara y predominante. Los usuarios pueden ajustar el volumen de cada elemento sonoro de manera independiente para personalizar su experiencia.

9.5. Criterios de comunicación audiovisual

Los criterios de comunicación audiovisual implican la integración efectiva de elementos visuales y sonoros para transmitir un mensaje claro y coherente. La combinación de vídeo, audio, gráficos y texto debe estar cuidadosamente orquestada para hacer que todos los elementos trabajen juntos, en lugar de competir por la atención del usuario. El ritmo y la sincronización son esenciales, especialmente en presentaciones o narrativas audiovisuales, cuando la coordinación entre la imagen y el sonido puede influir significativamente en la comprensión y el impacto del mensaje.

Ejemplo

En un vídeo promocional de un nuevo producto tecnológico, las animaciones que muestran las características del producto están sincronizadas con una narración clara y efectos de sonido sutiles que destacan puntos clave. La combinación de estos elementos audiovisuales mantiene la atención del espectador y refuerza el mensaje de innovación y calidad del producto.

Actividades

6. ¿Cómo influyen los criterios estéticos y técnicos en la distribución de los elementos en una página web? ¿De qué manera se pueden equilibrar para asegurar que el diseño sea visualmente atractivo y funcionalmente eficiente?
7. ¿Cuáles son las mejores prácticas para asegurar la calidad sonora y la comunicación audiovisual efectiva en un producto multimedia? ¿Cómo pueden estas prácticas mejorar la experiencia del usuario sin comprometer la claridad del mensaje?

10. Definición de páginas maestras según el producto multimedia

Las páginas maestras son plantillas fundamentales en el diseño de productos multimedia, ya que establecen la estructura básica y los elementos comunes que se replicarán a lo largo de todo el proyecto. Estas plantillas permiten mantener la coherencia visual y funcional, hacen que todos los componentes del producto multimedia sigan un estilo unificado.

10.1. Funciones

Las páginas maestras cumplen varias funciones en el diseño de productos multimedia.

En primer lugar, actúan como base estructural sobre la cual se construyen todas las páginas individuales del proyecto. Esto incluye la disposición de elementos como encabezados, pies de página, menús de navegación y otros componentes recurrentes.

Además, las páginas maestras ayudan a mantener la consistencia en el diseño, pues facilitan cambios globales que se reflejan automáticamente en todas las páginas derivadas. Esto ahorra tiempo y asegura que el producto final sea visual y funcionalmente coherente.

10.2. Reglas de definición de estilo

Las reglas de definición de estilo en una página maestra establecen los parámetros visuales y funcionales que se aplicarán a todo el contenido derivado de esa plantilla. Estas reglas incluyen la elección de la paleta de colores, tipografía, espaciado, y estilo de los botones y enlaces, entre otros. Al definir estos estilos de manera centralizada, se asegura una apariencia uniforme en todo el producto multimedia. Además, las reglas de estilo permiten que los diseñadores mantengan el control sobre la estética del proyecto, evitando inconsistencias que podrían surgir si cada página se diseñara de manera independiente.

10.3. Herencia y jerarquía

La herencia y jerarquía en las páginas maestras se refieren a cómo las propiedades y estilos definidos en la página maestra se transmiten a las páginas individuales. La herencia permite que las páginas derivadas adopten automáticamente los estilos y elementos de la página maestra, reduciendo la necesidad de definir los mismos estilos repetidamente. La jerarquía establece el orden en que se aplican estos estilos, permitiendo que las páginas individuales personalicen o sobrescriban ciertos aspectos de la página maestra cuando sea necesario.

10.4. Selectores

Los selectores en el contexto de páginas maestras son las herramientas que permiten aplicar estilos a elementos específicos del contenido. En CSS, por ejemplo, los selectores pueden apuntar a elementos por su tipo (como h1, p), clase (.clase-ejemplo) o ID (#id-ejemplo). En las páginas maestras, los selectores son fundamentales para definir cómo se deben estilizar los diferentes componentes en todo el proyecto. Un uso adecuado de los selectores asegura que los estilos se apliquen de manera precisa y eficiente.

10.5. Declaración de estilo

La declaración de estilo es el conjunto de instrucciones que especifica cómo debe presentarse un elemento en la página. En las páginas maestras, estas declaraciones se definen para los elementos comunes que se repetirán a lo largo del producto. Cada declaración de estilo incluye propiedades como color, tamaño de fuente, margen, relleno, etc. Al centralizar estas declaraciones en la página maestra, se garantiza que cualquier cambio en el estilo se aplique uniformemente en todas las páginas derivadas.

10.6. Declaraciones múltiples

Las declaraciones múltiples permiten aplicar varios estilos a un mismo elemento o grupo de elementos, ya sea utilizando diferentes selectores o agrupando varios estilos en una sola declaración. En una página maestra, las declaraciones múltiples son útiles para definir estilos que deben aplicarse bajo diferentes condiciones o en diferentes partes del contenido. Esta flexibilidad es esencial para manejar situaciones en las que un elemento debe cambiar su apariencia en función de su contexto o estado (como en el caso de los botones que cambian de color al pasar el cursor por encima).

Actividades

8. ¿Cómo contribuyen las páginas maestras a la consistencia y eficiencia en el diseño de productos multimedia? ¿Cuáles son las principales ventajas de utilizar una página maestra para gestionar elementos recurrentes en un proyecto?
9. ¿Cuál es la importancia de la herencia y la jerarquía en la implementación de páginas maestras? ¿Cómo pueden estas características facilitar la personalización y flexibilidad en el diseño de un producto multimedia?

11. Previsualización de imágenes en navegadores

La previsualización de imágenes en navegadores es una técnica clave para mejorar la velocidad de carga de las páginas web y optimizar la experiencia del usuario. Consiste en mostrar versiones de baja resolución o miniaturas de las imágenes mientras se cargan las versiones completas en segundo plano. Esto permite que el contenido visual esté disponible de inmediato, evitando retrasos que podrían frustrar al usuario.

Existen varias técnicas para implementar la previsualización de imágenes en navegadores, cada una con sus propias ventajas:

- ***Lazy loading:*** las imágenes se cargan solo cuando están a punto de entrar en la vista del usuario, es decir, cuando el usuario hace *scroll* hacia abajo en la página. Esto reduce el tiempo de carga inicial y ahorra ancho de banda, al cargar solo las imágenes necesarias.
- ***Placeholder images:*** se utilizan imágenes de sustitución *(placeholders)* como marcadores de posición mientras se carga la imagen real. Estos *placeholders* pueden ser versiones borrosas de la imagen final, iconos simples o simplemente espacios en blanco que indican que la imagen está en proceso de carga.
- ***Progressive JPEGs:*** los archivos JPEG progresivos cargan primero una versión borrosa de la imagen completa y luego la van refinando hasta alcanzar la resolución final. Esto da la ilusión de que la imagen se está

cargando más rápido, lo que mejora la percepción de velocidad por parte del usuario.

Nota

El uso de técnicas de previsualización debe equilibrarse con la necesidad de mantener la calidad de la experiencia del usuario. Por ejemplo, en sitios web donde la calidad de la imagen es fundamental, como en portafolios de fotógrafos o tiendas de comercio electrónico de alta gama, es importante que las imágenes se carguen en alta calidad una vez que la previsualización inicial se ha mostrado.

12. Accesibilidad. Estándares, normativas y convenciones

La accesibilidad en el diseño de productos multimedia es un principio fundamental que garantiza que todas las personas, independientemente de sus capacidades físicas, sensoriales o cognitivas, puedan acceder y utilizar de manera efectiva los contenidos digitales. Para lograr esto, es esencial seguir estándares, normativas y convenciones que han sido desarrollados para guiar a los diseñadores y desarrolladores en la creación de interfaces inclusivas.

12.1. Pautas del W3C - WAI (Web Accessibility Initiative)

El *World Wide Web Consortium* (W3C) es la principal organización internacional que desarrolla estándares para la web. Su iniciativa WAI *(Web Accessibility Initiative)* se centra específicamente en mejorar la accesibilidad del contenido digital. Las pautas de accesibilidad del W3C, conocidas como ***Web Content Accessibility Guidelines*** (WCAG), ofrecen un marco integral para diseñar sitios web y aplicaciones que sean accesibles para personas con alguna discapacidad.

Las WCAG se organizan en cuatro principios básicos:

1. **Perceptible:** la información y los componentes de la interfaz deben presentarse de manera que puedan ser percibidos por todos los usuarios.
2. **Operable:** los componentes de la interfaz y la navegación deben ser operables por todos los usuarios.
3. **Comprensible:** la información y el funcionamiento de la interfaz deben ser comprensibles.
4. **Robusto:** el contenido debe ser robusto para ser interpretado de manera fiable por una amplia variedad de agentes de usuario, incluidos los dispositivos de asistencia.

Estas pautas se clasifican en tres niveles de conformidad: A (el mínimo básico), AA (lo que la mayoría de los sitios deben alcanzar) y AAA (el nivel más alto de accesibilidad).

12.2. Para personas con dificultades de visión: tipografías de gran tamaño, textos de alto contraste, lectores de pantallas y sintetizadores de voz

Las personas con dificultades de visión requieren adaptaciones específicas para poder interactuar de manera efectiva con contenidos digitales. Algunas de las principales consideraciones incluyen:

- **Tipografías de gran tamaño:** utilizar textos con fuentes de mayor tamaño ayuda a que sean más fáciles de leer por personas con visión reducida. Además, es recomendable permitir a los usuarios ajustar el tamaño del texto según sus necesidades.
- **Textos de alto contraste:** el contraste entre el texto y el fondo debe ser lo suficientemente alto para asegurar la legibilidad.
- **Lectores de pantallas:** son dispositivos o programas que leen en voz alta el contenido de una página web.
- **Sintetizadores de voz:** convierten el texto en habla, permitiendo que las personas con discapacidad visual accedan a la información de manera auditiva.

12.3. Para personas con dificultades motoras y/o de visión: programas de reconocimiento de voz, teclados de conceptos, dispositivos apuntadores, teclados adaptados y otros dispositivos de entrada

Las personas con dificultades motoras o de visión pueden encontrarse con obstáculos al interactuar con interfaces digitales. Para mejorar la accesibilidad para estos usuarios, se pueden implementar las siguientes herramientas y tecnologías:

- **Programas de reconocimiento de voz:** permiten a los usuarios controlar dispositivos y aplicaciones mediante comandos de voz, eliminando la necesidad de utilizar un teclado o ratón. Esto es especialmente útil para personas con movilidad limitada en las manos o brazos.
- **Teclados de conceptos:** son dispositivos especializados que simplifican la entrada de datos, permitiendo que personas con dificultades motoras accedan a funciones específicas mediante teclas grandes o personalizables.
- **Dispositivos apuntadores:** incluyen ratones adaptados, *trackballs* y *joysticks,* que pueden ser utilizados por personas con movilidad limitada. Estos dispositivos permiten un control más preciso y fácil de los elementos de la interfaz.
- **Teclados adaptados y otros dispositivos de entrada:** pueden incluir teclas más grandes y sensibilidad ajustable, o incluso teclas programables, para ejecutar comandos complejos con una sola pulsación. Otros dispositivos de entrada, como interruptores o palancas, pueden ser utilizados por personas con movilidad muy limitada para navegar e interactuar con los contenidos.

Aplicación práctica

Está evaluando la accesibilidad de una nueva aplicación educativa diseñada para ser utilizada por personas con diversas discapacidades. Durante la revisión, identifica que algunos aspectos de la interfaz podrían no estar bien adaptados para usuarios con dificultades de visión y motoras. Mencione dos errores relacionados con la accesibilidad que podría encontrar en la aplicación.

Continúa en página siguiente >>

<< Viene de página anterior

SOLUCIÓN

Error 1: falta de textos de alto contraste. Si la aplicación utiliza combinaciones de colores con bajo contraste entre el texto y el fondo, puede ser difícil para las personas con dificultades de visión leer el contenido.

Error 2: ausencia de integración con programas de reconocimiento de voz. Si la aplicación no es compatible con programas de reconocimiento de voz, las personas con dificultades motoras podrían tener problemas para navegar y controlar la aplicación.

---

13. Recuperación de objetos multimedia de repositorios de objetos

En el desarrollo de productos multimedia, la recuperación eficiente de objetos multimedia, como imágenes, vídeos, sonidos y otros elementos, sirve para asegurar la calidad y coherencia del proyecto. Estos objetos suelen almacenarse en repositorios centralizados, que facilitan su localización, gestión y reutilización a lo largo del proceso de diseño y producción.

13.1. Localización de los archivos de objetos multimedia

Para que un proyecto multimedia sea efectivo, es fundamental poder localizar y acceder rápidamente a los objetos multimedia necesarios. Estos archivos pueden estar almacenados en diferentes tipos de repositorios, como bases de datos o archivos digitales, cada uno con sus propias características y métodos de gestión.

13.2. Bases de datos y archivos digitales

Las bases de datos son sistemas estructurados que permiten almacenar y organizar grandes volúmenes de objetos multimedia. Estos sistemas almacenan los archivos e incluyen metadatos asociados, como descripciones, etiquetas y derechos de autor, que facilitan la búsqueda y recuperación de los elementos necesarios.

Por otro lado, los archivos digitales, aunque menos estructurados que las bases de datos, son también una fuente común para almacenar objetos multimedia. Estos pueden estar organizados en sistemas de archivos jerárquicos, con carpetas y subcarpetas que agrupan los objetos por proyecto, tipo de contenido o cualquier otro criterio relevante.

13.3. Normativa legal de uso

El acceso y uso de objetos multimedia almacenados en repositorios está sujeto a una serie de normativas legales que regulan la propiedad intelectual y los derechos de autor.

Los objetos multimedia pueden estar protegidos por derechos de autor, lo que implica que su uso requiere del permiso del titular de esos derechos, o bien que se adquieran las licencias correspondientes. Existen diferentes tipos de licencias: las licencias comerciales (que permiten el uso del material a cambio de una tarifa) y las licencias Creative Commons (que permiten el uso bajo ciertas condiciones específicas, como la atribución al autor original).

Además de los derechos de autor, es importante tener en cuenta las restricciones de uso impuestas por los repositorios mismos. Algunos repositorios pueden limitar la distribución o modificación de los objetos almacenados, o requerir que se mantenga la integridad del contenido sin alteraciones.

14. Resumen

En el desarrollo de productos multimedia, la estructura y organización de los contenidos sirven para crear una experiencia de usuario efectiva. Uno de los aspectos clave es la definición de páginas maestras, que actúan como plantillas que mantienen la consistencia visual y funcional en todo el proyecto. Las páginas maestras permiten centralizar los estilos y la disposición de elementos recurrentes, lo que facilita su modificación y asegura una presentación unificada.

El equilibrio de color, la elección de la paleta cromática y el manejo de contrastes son aspectos que deben manejarse con precisión para garantizar que el contenido sea accesible y agradable a la vista.

El equilibrio, la simetría y el contraste deben aplicarse para guiar al usuario de manera intuitiva a través del contenido, de modo que la información más importante reciba la atención necesaria. La legibilidad es otro factor central, o sea, que la tipografía debe ser seleccionada y configurada de manera que el texto sea fácil de leer en cualquier dispositivo.

Siguiendo las pautas del W3C y otras normativas, los diseñadores deben considerar cómo hacer que el contenido sea accesible para personas con dificultades de visión o movilidad, utilizando tecnologías como lectores de pantalla, teclados adaptados y reconocimiento de voz.

La gestión y recuperación de objetos multimedia desde repositorios debe realizarse de manera eficiente, respetando siempre las normativas legales de uso y derechos de autor. La localización rápida de estos recursos, junto con una comprensión clara de las licencias y derechos asociados, es esencial para evitar problemas legales y asegurar la integridad del proyecto. En conjunto, estos aspectos forman la base teórica sobre la cual se construye un diseño multimedia efectivo, coherente y accesible.

Ejercicios de repaso y autoevaluación

1. **Defina qué es un contenido multimedia y explique su importancia en el diseño de productos interactivos.**

2. **Mencione tres tipos de contenidos multimedia utilizados en productos interactivos.**

3. **¿Qué formato de imagen es más adecuado para gráficos con transparencias?**

    a. JPEG
    b. PNG
    c. GIF
    d. SVG

4. **Explique las diferencias entre una animación 2D y una 3D.**

5. **Describa cómo el uso de animaciones en 3D puede mejorar la interactividad de un producto multimedia.**

6. Seleccione el formato de vídeo ampliamente utilizado por su equilibrio entre calidad y tamaño de archivo.

   a. AVI
   b. MP4
   c. MOV
   d. WebM

7. Explique cómo la correcta selección del formato de audio puede mejorar la experiencia del usuario en un producto multimedia.

8. Enumere dos criterios importantes que tener en cuenta al integrar imágenes en un producto multimedia interactivo.

9. ¿Cuál de los siguientes formatos es ideal para almacenar imágenes vectoriales escalables sin pérdida de calidad?

   a. JPEG
   b. PNG
   c. SVG
   d. GIF

10. Explique el concepto *dimensiones espaciales* en los contenidos multimedia y su importancia en el diseño web.

11. Describa cómo el *lazy loading* mejora la experiencia del usuario en páginas web con muchas imágenes.

12. Mencione dos características que debe tener una animación en 2D para ser efectiva en una interfaz de usuario.

13. Mencione dos ventajas de usar textos dinámicos en productos multimedia interactivos.

14. Explique el papel de la gestión del color en la integración de elementos multimedia en pantallas interactivas.

15. Describa el impacto que tienen las dimensiones temporales en el uso de vídeo y audio en productos multimedia.

Capítulo 4

Desarrollo de bocetos/ esquemas para diseño multimedia

Contenido

1. Introducción

El desarrollo de bocetos y esquemas representa una fase dentro del proceso de diseño de productos multimedia. Con esta actividad se definen las bases visuales y funcionales que guiarán el diseño final, permitiendo al equipo creativo y técnico alinear sus visiones con los objetivos del proyecto y las expectativas del cliente. Los bocetos ayudan a visualizar la disposición de los elementos y permiten anticipar cómo se integrarán las funcionalidades interactivas y las normas de estilo en el producto multimedia.

El uso de principios como la proporción, el ritmo y el equilibrio en los bocetos iniciales contribuye a crear un diseño coherente y de alta calidad. Además, aspectos como las adaptaciones al formato, la planificación de estilos y la creación de plantillas de trabajo son clave para asegurar la consistencia del producto. Es importante tener en cuenta las normativas de calidad, que incluyen la adecuación al mensaje, la funcionalidad y la compatibilidad multiplataforma.

La creación de diferentes tipos de propuestas para un cliente, la integración de la interactividad en los bocetos y el desarrollo de diagramas de flujo y navegación son elementos fundamentales en proyectos multimedia complejos. La previsualización de elementos multimedia y una planificación estilística clara desde los primeros esquemas son esenciales para garantizar que el producto final cumpla con las expectativas de rendimiento, interacción y accesibilidad en diversas plataformas.

2. Aplicación de las normas de estilo en los bocetos

En el diseño de productos multimedia, los bocetos son fundamentales para definir y prever cómo se organizarán visualmente los elementos antes de comenzar el proceso de desarrollo digital. Es en esta fase donde se aplican las normas de estilo, lo que permite asegurar la coherencia estética y funcional a lo largo del proyecto. Las normas de estilo establecen principios que guían la correcta proporción, ritmo, equilibrio y adaptabilidad al formato, elementos que garantizan un diseño atractivo y funcional.

2.1. Proporción

La proporción en el diseño de productos multimedia hace referencia a la relación de tamaño entre los diferentes elementos visuales dentro de una pantalla o interfaz. Una correcta proporción permite que los componentes de un diseño se integren de manera armoniosa y guíen la atención del usuario de forma efectiva.

Cuando se respetan las proporciones, se puede destacar la jerarquía visual entre textos, imágenes, botones y otros componentes de la interfaz. Esto es esencial para que el usuario entienda cuáles son los elementos prioritarios, tales como llamadas a la acción o información clave. Además, la proporción tiene una influencia directa en la legibilidad y en la funcionalidad, ya que algunos elementos desproporcionados pueden generar confusión o dificultar la interacción.

Ejemplo

En una interfaz de un sitio de *e-commerce*, los botones como **Añadir al carrito** deben ser significativamente más grandes que los enlaces secundarios, ya que esto facilita que el usuario los localice y haga clic en ellos, con lo que mejora la tasa de conversión:

Es recomendable utilizar escalas y sistemas de medición, como la regla de los tercios o la proporción áurea, para asegurar un equilibrio visual adecuado en los bocetos.

Para saber más

Para profundizar en las técnicas de proporción en diseño, se puede consultar el concepto de *grid* o cuadrícula, que permite organizar visualmente los elementos de una interfaz. El libro *Grid Systems in Graphic Design*, de Josef Müller-Brockmann, puede resultar muy útil.

2.2. Ritmo

El ritmo en el diseño multimedia se refiere a la repetición y disposición de los elementos visuales para crear una experiencia fluida y agradable al usuario. Así como en la música, el ritmo puede ser regular o irregular, dependiendo de cómo se distribuyan los componentes en la interfaz. Un buen ritmo otorga cohesión al diseño y facilita la navegación, ya que el usuario puede predecir y entender mejor la estructura del contenido.

Existen diversos tipos de ritmo aplicables en el diseño:

- **Ritmo regular:** los elementos visuales se repiten a intervalos constantes, creando una sensación de orden y estabilidad. Este tipo de ritmo es ideal para interfaces en las que se requiere simplicidad y claridad.
- **Ritmo fluido:** los intervalos entre los elementos varían, proporcionando dinamismo y energía al diseño. Es útil para interfaces más creativas o innovadoras.
- **Ritmo progresivo:** los elementos aumentan o disminuyen de tamaño o frecuencia, lo que genera un efecto visual de crecimiento o reducción. Es común en interfaces que guían al usuario hacia una acción específica.

Un ritmo desajustado o mal aplicado puede provocar desorientación en el usuario y generar una mala experiencia de uso.

Ejemplo

En un diseño de galería de imágenes, el ritmo regular ayuda a que las fotografías se muestren de manera organizada, mientras que un ritmo progresivo en la presentación de títulos o descripciones puede guiar suavemente la atención del usuario hacia los aspectos más relevantes.

2.3. Equilibrio

El equilibrio en el diseño de productos multimedia se refiere a la distribución visual armoniosa de los elementos en una interfaz o pantalla. Al igual que en la proporción, un diseño equilibrado genera una sensación de orden y estabilidad, con lo que facilita al usuario la comprensión del contenido y la interacción con los elementos de la interfaz. Existen dos tipos principales de equilibrio:

- **Equilibrio simétrico:** los elementos se distribuyen de manera uniforme a ambos lados de un eje central, creando una sensación de formalidad y estructura. Este tipo de equilibrio es ideal para diseños que buscan transmitir estabilidad y confianza.
- **Equilibrio asimétrico:** los elementos se distribuyen de manera desigual, pero de tal forma que el peso visual se equilibra entre ambos lados de la pantalla. Este tipo de diseño crea dinamismo y flexibilidad, aporta una sensación de movimiento y modernidad.

Para lograr un buen equilibrio visual es importante tener en cuenta factores como el tamaño, el color y la posición de los elementos. Un objeto más grande o de color más llamativo tendrá mayor peso visual y necesitará estar equilibrado por otros elementos más pequeños o de menor saturación.

Ejemplo

En una página web de una empresa financiera, el equilibrio simétrico puede utilizarse para transmitir seguridad y estabilidad; en cambio, un sitio web de una agencia de diseño creativo puede aprovechar el equilibrio asimétrico para reflejar innovación y originalidad.

2.4. Adaptación al formato

Uno de los desafíos más importantes en el diseño multimedia es la adaptación de los bocetos a distintos formatos y dispositivos. Con la diversidad de pantallas disponibles, desde *smartphones* hasta monitores de alta resolución, es importante que los elementos del diseño se ajusten y mantengan su coherencia visual en diferentes tamaños y orientaciones.

La adaptación al formato implica utilizar técnicas de **diseño responsivo**, las cuales aseguran que el contenido y la disposición de los elementos se reorganicen adecuadamente según el dispositivo en el que se visualicen. Esto puede incluir cambios en la disposición de las columnas, la escala de los elementos y la reorganización del contenido, para asegurar que sea legible y funcional en todo tipo de dispositivos.

Existen varias estrategias para adaptar un diseño a diferentes formatos:

- **Uso de rejillas o *grids*:** facilitan la organización del contenido, manteniendo una estructura coherente que se ajusta fácilmente a distintos tamaños de pantalla.
- **Imágenes y gráficos escalables:** el uso de imágenes vectoriales o gráficos SVG permite que los elementos visuales mantengan su calidad sin importar el tamaño ni la resolución de la pantalla.
- **Tipografía flexible:** es importante que el tamaño del texto sea adaptable, lo que asegura su legibilidad tanto en pantallas pequeñas como en dispositivos de alta resolución.

Nota

Una de las herramientas más comunes para asegurar una correcta adaptación al formato es la técnica *mobile-first,* que implica diseñar primero para dispositivos móviles y luego escalar el diseño para pantallas más grandes.

Actividades

1. Realice un análisis comparativo entre el uso del equilibrio simétrico y asimétrico en bocetos multimedia, identificando sus ventajas en distintos tipos de interfaces.
2. ¿Cuál es la diferencia principal entre el equilibrio simétrico y el asimétrico en el diseño de productos multimedia? ¿En qué contextos se recomienda cada uno?

3. Aplicación de normas de calidad

La aplicación de normas de calidad en los bocetos de productos multimedia asegura que el diseño no solo sea visualmente atractivo, sino también funcional, accesible y coherente con el mensaje que se desea transmitir. Las normas de calidad abarcan varios aspectos, desde la adecuación al mensaje hasta la compatibilidad y la funcionalidad en múltiples plataformas.

3.1. Adecuación al mensaje

La adecuación al mensaje es un principio necesario que garantiza que todos los elementos visuales y textuales del boceto estén alineados con el propósito comunicativo del producto multimedia. Cada diseño tiene un objetivo, ya sea informar, persuadir o entretener, y es fundamental que los elementos del boceto refuercen ese mensaje.

Por ejemplo, un sitio web de una empresa tecnológica debe transmitir modernidad y confiabilidad, lo que puede lograrse mediante el uso de tipografías limpias, imágenes de alta calidad y una disposición equilibrada de los elementos. Si el diseño no refleja el mensaje correctamente, los usuarios podrían desconfiar o perder interés en el producto.

Importante

Se debe tener en cuenta la audiencia objetivo y asegurarse de que el diseño responda a sus expectativas y necesidades. Un diseño que funcione para un público juvenil puede no ser apropiado para una audiencia más formal o corporativa.

3.2. Legibilidad

La legibilidad en el diseño multimedia se refiere a la facilidad con la que el usuario puede leer y comprender el texto presentado. Los elementos que afectan a la legibilidad incluyen el tipo de fuente, el tamaño de la tipografía, el interlineado, el contraste entre el texto y el fondo, y la disposición de los párrafos.

Una tipografía clara, con suficiente espacio entre las letras y líneas, es clave para garantizar que el contenido sea accesible para todos los usuarios, independientemente del dispositivo que utilicen. Además, el contraste adecuado entre el texto y el fondo es esencial; por ejemplo, textos oscuros sobre fondos claros, o viceversa, suelen ser los más legibles.

Nota

Un error común es utilizar tipografías decorativas o muy complejas que dificultan la lectura. Es mejor priorizar fuentes sencillas y limpias, especialmente en el cuerpo del texto.

3.3. Funcionalidad

La funcionalidad se refiere a la capacidad del diseño para cumplir con los objetivos de interacción y uso que se esperan del producto multimedia. Un diseño funcional facilita la navegación y permite al usuario completar tareas de manera eficiente y sin problemas.

Para asegurar la funcionalidad es importante que los bocetos incluyan elementos interactivos bien definidos, como botones, menús y formularios, que sean fáciles de identificar y utilizar. Además, se deben prever comportamientos del usuario, como la respuesta a errores o la retroalimentación visual al interactuar con el sistema.

Ejemplo

En una tienda *online*, la funcionalidad implica que el proceso de compra sea fluido, desde la selección del producto hasta el pago. Un botón de **Comprar** visible y bien posicionado sirve para guiar al usuario hacia la conversión.

3.4. Compatibilidad

La compatibilidad hace referencia a la capacidad del diseño para integrarse correctamente en distintos navegadores, sistemas operativos y dispositivos. En el desarrollo de bocetos multimedia, hay que considerar cómo se comportarán los elementos visuales e interactivos en diferentes entornos tecnológicos.

Las pruebas de compatibilidad son necesarias durante el proceso de desarrollo. Es recomendable utilizar estándares web, como HTML5 y CSS3, que aseguren un comportamiento uniforme en todos los navegadores modernos. Además, se deben evitar tecnologías obsoletas que puedan no ser compatibles con ciertos dispositivos o navegadores.

3.5. Multiplataforma

El diseño multiplataforma garantiza que el producto multimedia funcione de manera óptima en una amplia variedad de dispositivos y sistemas operativos, como equipos de escritorio, *smartphones,* tabletas, y otros. En este contexto, es fundamental diseñar bocetos que sean flexibles y adaptables a las diferentes resoluciones y orientaciones de pantalla.

El **diseño responsivo** es una técnica clave para garantizar que los elementos visuales se ajusten automáticamente según el dispositivo. Permite una experiencia de usuario coherente sin importar el formato.

Sabía que...

Explorar las pautas de diseño responsivo y *frameworks* como *Bootstrap* puede ser muy útil para comprender cómo lograr una experiencia consistente en múltiples plataformas.

Aplicación práctica

Está desarrollando un boceto para una aplicación educativa interactiva que será utilizada tanto en computadoras de escritorio como en dispositivos móviles. El diseño debe ser visualmente atractivo y funcional, y accesible para todos los usuarios. Considerando las normas de calidad, mencione dos aspectos clave que debe aplicar en su diseño para asegurar que sea funcional y compatible en diferentes plataformas. Explique cómo implementaría cada uno.

SOLUCIÓN

Debe asegurarse de que los elementos interactivos, como botones y menús, sean claramente visibles y fáciles de utilizar. Por ejemplo, el botón **Iniciar actividad** debe estar bien posicionado y destacado, para que los usuarios lo encuentren fácilmente en cualquier

Continúa en página siguiente >>

<< Viene de página anterior

dispositivo. También es importante que haya retroalimentación visual inmediata al hacer clic en los botones, como cambios de color o efectos visuales.

El diseño debe ser responsivo, o sea, adaptarse a diferentes tamaños de pantalla. Para esto, se utilizarían técnicas de diseño responsivo con CSS para que el contenido y los elementos interactivos se ajusten automáticamente según el dispositivo. Esto garantiza que la aplicación funcione sin problemas tanto en computadoras de escritorio como en *smartphones*, manteniendo una experiencia de usuario coherente y fluida.

Actividades

3. ¿Qué aspectos clave deben considerarse para asegurar la compatibilidad de un diseño multimedia en múltiples plataformas y dispositivos?
4. Investigue y analice cómo las normas de calidad en el diseño multimedia han evolucionado con el auge de las plataformas móviles. Elabore un resumen sobre las nuevas exigencias en términos de legibilidad, funcionalidad y compatibilidad.

4. Creación de plantillas de trabajo

Las plantillas de trabajo son herramientas muy útiles en el desarrollo de productos multimedia, ya que proporcionan una estructura predefinida sobre la cual se pueden construir distintos componentes del diseño. Las plantillas permiten estandarizar y agilizar el proceso de creación, asegurando coherencia y uniformidad en todos los elementos del proyecto.

4.1. Diseño de plantillas

El diseño de plantillas implica la creación de una estructura base que sirva como marco repetible para diversos elementos dentro de un proyecto multimedia. Las plantillas deben incluir la disposición de los componentes visuales, como encabezados, pies de página, áreas de contenido, menús y botones, asegurando que estos elementos se mantengan consistentes en todas las pantallas o páginas.

Para diseñar plantillas efectivas es necesario tener en cuenta estos aspectos:

- Coherencia visual
- Navegación intuitiva
- Adaptabilidad a diferentes formatos

La siguiente es una plantilla básica de ejemplo, que puede ser utilizada como punto de partida para proyectos multimedia. Incluye un encabezado, un menú de navegación, un área de contenido principal y un pie de página:

Las plantillas como esta ayudan a mantener la coherencia en el diseño y facilitan la navegación del usuario a través de la estructura estandarizada. Un buen diseño de plantilla ahorra tiempo a lo largo del proyecto, ya que evita la necesidad de repetir tareas y garantiza que todos los componentes cumplan con los estándares establecidos desde el inicio.

Ejemplo

En una aplicación móvil, una plantilla de página de perfil de usuario podría incluir una estructura fija para el avatar, el nombre del usuario y botones de edición, con espacios predefinidos para otros detalles personales.

4.2. Utilización y aplicación de plantillas estáticas y animadas

Las plantillas pueden clasificarse en dos tipos principales: **plantillas estáticas** y **plantillas animadas.** Cada tipo tiene un propósito específico dentro del diseño de productos multimedia:

- **Plantillas estáticas:** estas plantillas contienen elementos fijos y sin movimiento. Son ideales para documentos, páginas web o interfaces en los que no se requiere interacción ni animación continua. Son más fáciles de crear y consumen menos recursos, lo que las hace adecuadas para proyectos simples o informativos.
- **Plantillas animadas:** involucran el uso de animaciones para guiar o enriquecer la experiencia del usuario. Este tipo de plantilla se utiliza frecuentemente en interfaces dinámicas o proyectos que requieren de un alto nivel de interactividad, como aplicaciones de videojuegos, animaciones educativas o interfaces de usuario que requieran transiciones suaves entre estados o páginas.

La elección entre plantillas estáticas o animadas dependerá de la naturaleza del proyecto y los objetivos que se quieran alcanzar con la interacción del usuario.

Existen múltiples plataformas en línea donde se pueden encontrar plantillas, tanto estáticas como animadas, por ejemplo:

- Plantillas estáticas
  - *Canva:* cuenta con una amplia selección de plantillas estáticas para documentos, páginas web y otros formatos. Son fáciles de personalizar y se adaptan a proyectos sencillos o informativos.
  - *PosterMyWall:* es otra opción destacada para plantillas estáticas, especialmente útiles para diseño gráfico y carteles.
- Plantillas animadas
  - *Canva:* también ofrece plantillas animadas totalmente personalizables. Son especialmente útiles para presentaciones y contenidos para redes sociales.
  - *Slidesgo:* proporciona plantillas animadas gratuitas para *Google Slides* y *PowerPoint,* ideales para crear presentaciones más dinámicas e interactivas.

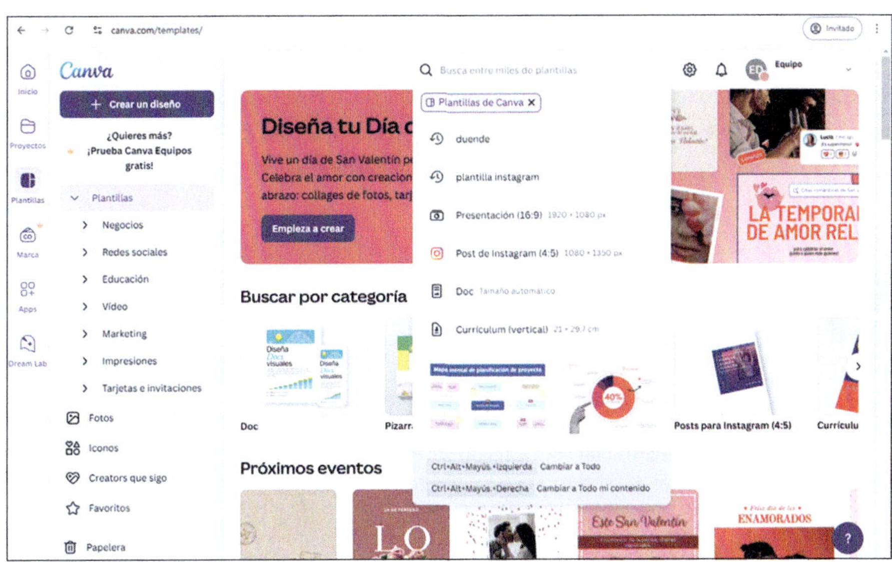

Sitio web de Canva con varias opciones de plantillas <https://www.canva.com/templates/>.

Nota

Las plantillas animadas deben usarse con cuidado. Aunque las animaciones pueden mejorar la experiencia, un exceso podría sobrecargar el diseño y disminuir el rendimiento en dispositivos con recursos limitados.

4.3. Modificación de plantillas

Una vez creadas, las plantillas pueden necesitar modificaciones para adaptarse a los cambios en el proyecto o los requisitos del cliente. Estas modificaciones deben realizarse de manera cuidadosa para evitar romper la coherencia visual o afectar la funcionalidad del diseño.

Las modificaciones pueden incluir el ajuste de colores, tipografías, tamaños de los elementos o la disposición de los componentes. Es importante que los cambios en las plantillas sean realizados de manera global, de modo que todas las páginas o interfaces que la utilicen se actualicen automáticamente, manteniendo la consistencia en todo el proyecto.

Ejemplo

En un sitio web, si el cliente decide cambiar el color corporativo, la modificación de la plantilla principal permite que este cambio se refleje de manera uniforme en todas las páginas, sin necesidad de editar cada una de ellas por separado.

4.4. Planificación y aplicación de estilos

La planificación de estilos es un proceso que implica la definición de las pautas visuales que se aplicarán a lo largo de todo el diseño del proyecto multimedia. Estas pautas incluyen la selección de tipografías, paletas de colores, espacios y otros elementos que aseguran una apariencia coherente y profesional en todos los componentes.

Una vez planificados los estilos, estos se deben aplicar de manera sistemática en todas las plantillas del proyecto, garantizando que cada sección o pantalla siga el mismo conjunto de reglas visuales. Esta planificación facilita la gestión del proyecto, ya que cualquier cambio estilístico se puede implementar de manera rápida y eficiente.

Para saber más

El uso de hojas de estilo en cascada (CSS) en proyectos web permite planificar y aplicar estilos de manera centralizada, lo que facilita la modificación y actualización de las plantillas sin tener que modificar cada página de forma individual.

4.5. Creación y diseño de hojas de estilo

Las hojas de estilo son un conjunto de reglas que definen la presentación visual de un producto multimedia, permitiendo la separación entre el contenido y su apariencia. Estas hojas de estilo se utilizan principalmente en el desarrollo web y multimedia, para mantener la coherencia visual a lo largo de todo el proyecto.

Las **hojas de estilo en cascada (CSS)** son la herramienta más comúnmente utilizada para definir estilos en proyectos web. Mediante CSS es posible establecer atributos como colores, tipografías, tamaños de los elementos, márgenes y mucho más. La creación de una hoja de estilo eficaz implica planificar con anticipación todos los elementos visuales que serán reutilizados en el proyecto, como botones, enlaces, formularios y contenedores.

Un buen diseño de hoja de estilo debe contemplar tanto los elementos estáticos como dinámicos, para hacer que los cambios en un estilo particular se reflejen en todas las áreas que dependen de esa regla. Esto facilita la consistencia y permite que las modificaciones se realicen de forma rápida y eficiente.

Ejemplo

Si se define un estilo de botón con un color de fondo azul y un borde redondeado, ese estilo se aplicará a todos los botones del proyecto. Si se necesita cambiar el color a verde más adelante, solo se debe modificar una regla en la hoja de estilo.

4.6. Vinculación y aplicación de hojas de estilo

La vinculación de hojas de estilo es el proceso mediante el cual se conectan los archivos CSS con el contenido de un proyecto multimedia, generalmente a través de HTML en proyectos web. Esta vinculación permite que todas las reglas definidas en la hoja de estilo se apliquen de manera automática a las páginas o pantallas vinculadas.

Existen varias formas de aplicar hojas de estilo:

- **Enlace externo:** la hoja de estilo se guarda en un archivo independiente (.css) y se enlaza con el contenido mediante una etiqueta **link** en el archivo HTML. Este método es el más eficiente, ya que permite reutilizar la hoja de estilo en múltiples páginas.
- **Estilo interno:** se utiliza una sección **style** dentro del propio archivo HTML. Aunque permite un mayor control sobre cada página individual, este método no es recomendable para proyectos grandes, ya que puede volverse difícil de gestionar.

- **Estilo en línea:** se definen reglas de estilo directamente en los elementos HTML mediante el atributo **style.** Este método debe evitarse, ya que puede generar inconsistencias y hacer que el código sea más difícil de mantener.

La vinculación correcta de las hojas de estilo sirve para garantizar la coherencia visual y el rendimiento del proyecto, ya que permite separar claramente la lógica del contenido de su presentación.

Nota

Es recomendable utilizar enlaces externos para las hojas de estilo, especialmente en proyectos grandes o multiplataforma, ya que este método facilita su mantenimiento y modificación.

4.7. Diseño y animación vectorial

El diseño y animación vectorial se incluyen en la creación de elementos gráficos escalables, interactivos y ligeros para proyectos multimedia. A diferencia de las imágenes rasterizadas (como JPEG o PNG), los gráficos vectoriales se crean mediante formas geométricas basadas en ecuaciones matemáticas, lo que permite que sean escalables sin pérdida de calidad.

El formato **SVG *(Scalable Vector Graphics)*** es uno de los más utilizados para gráficos vectoriales en la web y productos multimedia. SVG permite la creación de gráficos que se adaptan a diferentes tamaños de pantalla sin perder nitidez, lo que es esencial para el diseño responsivo y multiplataforma. Además, es ideal para animaciones ligeras, ya que los elementos vectoriales pueden manipularse con CSS o JavaScript para crear transiciones, movimientos y efectos interactivos. Las ventajas del diseño y animación vectorial son:

- **Escalabilidad:** los gráficos vectoriales pueden aumentar o reducir su tamaño sin comprometer la calidad visual, lo que los hace perfectos para pantallas de alta resolución.

- **Interactividad:** los SVG pueden animarse y manipularse fácilmente, lo que permite la creación de interfaces dinámicas sin la necesidad de grandes archivos de imagen o vídeo.
- **Ligereza:** los archivos vectoriales suelen ser más ligeros que los gráficos rasterizados, lo que mejora el tiempo de carga y rendimiento en proyectos web.

Ejemplo

Un icono de menú en una aplicación móvil puede diseñarse en formato SVG para que se mantenga nítido en cualquier resolución de pantalla. Además, se pueden aplicar animaciones para que los iconos cambien de forma o color al interactuar con ellos, lo que mejora la experiencia de usuario.

5. Bocetado de diferentes alternativas. Propuestas al cliente

El bocetado de diferentes alternativas es una etapa clave en el proceso de diseño de productos multimedia, ya que permite explorar múltiples enfoques visuales y funcionales antes de tomar decisiones definitivas. Presentar estas alternativas al cliente sirve para asegurar que la solución final cumpla con sus expectativas y necesidades. En esta fase, es importante que los bocetos representen de manera clara las propuestas de navegación, interacción, funcionalidad y comportamiento en diferentes dispositivos.

5.1. Propuestas de navegación

Las propuestas de navegación sirven para definir cómo los usuarios se moverán dentro del producto multimedia. Durante el bocetado, se deben diseñar varias alternativas de navegación, considerando aspectos como la jerarquía de las páginas, la disposición de los menús y la facilidad con la que el usuario puede acceder a la información.

Existen distintos tipos de navegación que se pueden proponer, dependiendo del proyecto:

- **Navegación horizontal o de pestañas:** ideal para interfaces que tienen secciones claras y bien definidas. Por ejemplo:

- **Navegación vertical:** común en sitios web y aplicaciones que presentan una gran cantidad de contenido en una sola página, en las que hay que desplazarse hacia abajo. Por ejemplo:

- **Menús desplegables o hamburguesa:** común en aplicaciones móviles, donde el espacio es limitado. Por ejemplo:

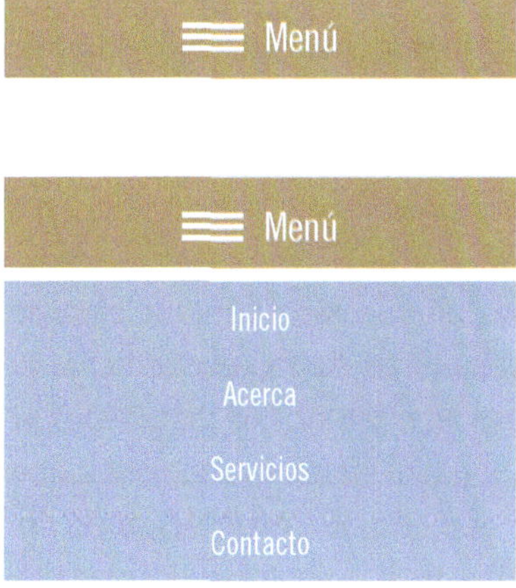

- **Navegación por iconos:** muy útil en interfaces minimalistas o creativas, donde los iconos desempeñan un papel central en la interacción. Por ejemplo:

La propuesta de navegación debe ser clara, intuitiva y adaptada a las necesidades del usuario final, de manera que el acceso a las distintas secciones sea fluido y sencillo.

Ejemplo

En una aplicación de comercio electrónico, una propuesta de navegación puede incluir un menú de categorías visible en todas las pantallas, para que el usuario pueda cambiar de sección en cualquier momento sin perder el contexto.

5.2. Propuestas de interacción

Las propuestas de interacción abordan cómo los usuarios se relacionarán con los elementos del producto multimedia. Esta etapa incluye la creación de alternativas para definir qué acciones puede realizar el usuario y cómo se llevará a cabo esa interacción, ya sea mediante clics, gestos, toques o movimientos.

En el bocetado, las propuestas de interacción deben mostrar con claridad cómo los usuarios ejecutarán tareas específicas, como rellenar formularios, desplazarse por listas, interactuar con botones o visualizar contenido multimedia. Los bocetos pueden incluir anotaciones que describan los comportamientos interactivos, como lo que ocurre cuando un usuario pasa el ratón por encima de un elemento, toca un botón o desplaza la pantalla.

Es importante presentar al cliente varias opciones de interacción que se adapten al contexto del proyecto y a las necesidades del usuario final. La elección de la mejor alternativa dependerá de la simplicidad de uso y de la capacidad para cumplir con los objetivos funcionales del producto.

Nota

Las interacciones micro (pequeños cambios visuales o de comportamiento ante la interacción), como animaciones suaves o retroalimentación visual, pueden mejorar significativamente la experiencia del usuario, haciéndola más atractiva e intuitiva.

5.3. Propuestas de funcionalidad

Las propuestas de funcionalidad se centran en cómo el producto multimedia cumplirá con sus objetivos de uso. En esta fase, hay que presentar diferentes alternativas que muestren cómo se llevará a cabo cada función principal del producto, como la carga de contenidos, la búsqueda de información, el filtrado de resultados o cualquier otra acción relevante para el usuario.

Las propuestas deben definir cómo funcionarán estas características y cómo se integrarán en la experiencia de usuario. En los bocetos, esto se puede representar mediante diagramas de flujo o *wireframes* que muestren la secuencia de acciones necesarias para ejecutar una función específica.

Es importante asegurarse de que la funcionalidad esté alineada con las expectativas del cliente y del usuario final, priorizando la facilidad de uso, la eficiencia y la coherencia con el diseño visual general del producto.

La funcionalidad debe ser probada desde las primeras fases del diseño para estar seguro de que las soluciones propuestas sean técnicamente viables y optimizadas para ofrecer la mejor experiencia al usuario.

5.4. Propuestas de funcionamiento en dispositivos finales

El diseño de productos multimedia debe tener en cuenta las propuestas de funcionamiento en dispositivos finales, ya que los usuarios acceden a las interfaces desde una amplia variedad de plataformas y dispositivos. Los bocetos deben contemplar cómo se comportará el producto en distintos contextos, como en teléfonos móviles, tabletas, ordenadores de escritorio y dispositivos específicos como televisores inteligentes o relojes inteligentes.

Hay que proponer alternativas que aseguren una **experiencia multiplataforma coherente**, teniendo en cuenta las limitaciones y ventajas de cada dispositivo. Aspectos como el tamaño de la pantalla, la capacidad de procesamiento, el uso de teclados o pantallas táctiles, y la conectividad son factores críticos que deben influir en las propuestas de funcionamiento.

Los bocetos deben incluir representaciones de cómo se verá y funcionará el producto en diferentes tamaños de pantalla. Se debe comprobar que la navegación, la interacción y la funcionalidad sean consistentes y óptimas en todos los dispositivos.

Sabía que...

El diseño responsivo y el adaptativo son dos enfoques clave para asegurar el correcto funcionamiento de productos multimedia en diferentes dispositivos. Para proyectos web, *frameworks* como *Bootstrap* o *Foundation* permiten implementar soluciones eficientes y flexibles.

Aplicación práctica

Está desarrollando una aplicación móvil interactiva para una revista digital y necesita presentar al cliente varias alternativas de diseño en cuanto a la navegación y

Continúa en página siguiente >>

<< Viene de página anterior

la interacción. Su objetivo es mostrar diferentes enfoques que puedan mejorar la experiencia del usuario final y certificar que el diseño sea funcional y multiplataforma. ¿Qué propuesta de navegación y cuál de interacción presentaría al cliente? ¿Cómo justificaría cada una de estas alternativas para que cumplan con las expectativas del proyecto?

SOLUCIÓN

Propuesta de navegación: dado que se trata de una aplicación móvil, un menú tipo hamburguesa es ideal para ahorrar espacio en la pantalla y ofrecer una navegación limpia. Este menú se despliega lateralmente, permitiendo que el usuario acceda a las diferentes secciones de la revista sin desordenar la interfaz principal. Es intuitivo y familiar para la mayoría de los usuarios de dispositivos móviles.

Propuesta de interacción: habría que proponer interacciones basadas en toques y gestos táctiles, como deslizar para cambiar de artículo o hacer doble toque para marcar favoritos. Estos gestos son fáciles de aprender y ofrecen una experiencia más fluida y natural en dispositivos móviles, mejorando la interacción del usuario con el contenido de la revista.

---

6. Integración de la interactividad en los bocetos

La integración de la interactividad en los bocetos es un aspecto necesario para garantizar que el producto multimedia responda adecuadamente a las acciones del usuario. A través de los bocetos interactivos, se puede prever cómo el usuario interactuará con los distintos elementos y cómo se comportarán las interfaces ante estas interacciones. Esta etapa del diseño busca anticipar posibles problemas, como errores del sistema, tiempos de respuesta largos o dificultades de adaptación a las interfaces, para resolverlos antes de la implementación final.

6.1. Control de errores

El control de errores es una parte fundamental de cualquier diseño interactivo. Durante el proceso de bocetado, hay que prever cómo responderá el sistema ante posibles errores del usuario o del sistema. Los errores pueden ser de diversos tipos: de validación en formularios, de navegación, intentos fallidos de realizar acciones no permitidas o problemas técnicos (como la falta de conexión a internet).

En los bocetos se deben incluir soluciones de manejo de errores que sean claras y útiles para el usuario. Esto puede implicar la creación de mensajes de error específicos, la utilización de colores o íconos que indiquen qué campo o acción es incorrecta, y la inclusión de sugerencias para corregir el error.

Ejemplo

En un formulario de registro, si el usuario no completa un campo obligatorio, el boceto debe incluir una indicación clara de error, como un borde rojo alrededor del campo vacío y un mensaje que explique qué falta completar. Además, se puede incluir una sugerencia para corregir el error, como "Por favor, introduzca su correo electrónico".

6.2. Control de pesos y tiempos de respuesta

El control de pesos y tiempos de respuesta es muy importante en la interactividad de un producto multimedia, ya que influye directamente en la percepción del usuario sobre la rapidez y la eficiencia del sistema. Durante el proceso de bocetado, es importante identificar los elementos que podrían afectar el rendimiento, como imágenes, vídeos o animaciones pesadas, y prever soluciones para optimizar estos recursos.

Un producto multimedia que carga lentamente o que no responde de manera ágil puede causar frustración en los usuarios, lo que impacta negativamente en la experiencia de uso. Los bocetos deben incluir indicaciones sobre el uso de elementos multimedia optimizados y estrategias para mejorar los tiempos de respuesta, como el uso de *loaders,* indicadores de progreso o mensajes que indiquen que una acción está en curso.

Nota

Es recomendable implementar *lazy loading* para retrasar la carga de ciertos elementos multimedia hasta que el usuario los necesite. Con ello se mejoran los tiempos de respuesta inicial.

6.3. Adecuación a las interfaces

La adecuación a las interfaces se refiere a la capacidad del diseño para adaptarse de manera efectiva a diferentes tipos de interfaces, como dispositivos móviles, tabletas, ordenadores de escritorio o pantallas táctiles. Durante el bocetado, es importante prever cómo los elementos interactivos, como botones, menús y formularios, se adaptarán a estas interfaces y cómo responderán a las acciones del usuario.

En los bocetos, se deben representar diferentes versiones de la misma interfaz para distintos dispositivos y comprobar que los elementos interactivos se mantienen accesibles y funcionales en todos los contextos. Además, se deben tener en cuenta las características propias de cada dispositivo, como el uso de gestos en pantallas táctiles, la necesidad de botones más grandes en móviles o la utilización de interfaces por voz en dispositivos inteligentes.

Sabía que...

El diseño adaptativo es una técnica clave para garantizar que el producto multimedia se adecua correctamente a diferentes interfaces, permitiendo que los elementos se ajusten y mantengan su funcionalidad sin importar el tamaño de pantalla o el dispositivo.

6.4. Adecuación de la gestión de respuestas de usuario al diseño de la interacción

La adecuación de la gestión de respuestas de usuario se refiere a cómo el sistema responde de manera efectiva y rápida a las acciones que el usuario realiza en la interfaz. El diseño de la interacción debe estar alineado con estas respuestas y hacer que la retroalimentación sea clara, coherente y comprensible.

Durante el proceso de bocetado, se debe prever cómo el sistema ofrecerá retroalimentación al usuario después de una acción específica. Por ejemplo, al hacer clic en un botón, el sistema puede mostrar un mensaje de confirmación, un cambio de color en el botón o un indicador de carga. Es importante que estas respuestas estén bien sincronizadas con el flujo de la interacción, para que el usuario entienda en todo momento el estado de su acción.

Una gestión de respuestas adecuada también implica manejar las acciones del usuario cuando estas no son válidas o no se pueden ejecutar, y ofrecer soluciones y mensajes que guíen al usuario hacia el comportamiento correcto.

Ejemplo

En una tienda *online*, después de que el usuario añada un producto al carrito, un mensaje emergente que confirme la acción y ofrezca opciones para continuar comprando o proceder al pago es un buen ejemplo de respuesta adecuada y coherente.

6.5. Integración coherente con el diseño gráfico

La integración coherente con el diseño gráfico implica asegurar que los elementos interactivos y funcionales del producto multimedia estén perfectamente alineados con la estética visual del proyecto. Esto incluye la elección de colores, tipografías, iconos y estilos visuales, que no solo deben cumplir su propósito funcional, sino que también han de respetar la identidad gráfica establecida.

Los bocetos deben reflejar esta coherencia, incorporando los elementos gráficos previamente definidos para que la interfaz mantenga una apariencia uniforme en todas las pantallas y momentos de interacción. El equilibrio entre los elementos visuales y los interactivos es clave para una experiencia de usuario satisfactoria.

Por ejemplo: los botones deben tener el mismo estilo en todas las páginas; los iconos deben ser consistentes y estar alineados con la temática gráfica, y los mensajes deben ser visualmente coherentes con el diseño general.

Nota

Un diseño gráfico que no está bien integrado con los aspectos interactivos puede generar confusión en el usuario y afectar tanto a la usabilidad como a la percepción visual del producto.

6.6. Pantallas/mensajes de ayuda

Las pantallas o mensajes de ayuda son elementos clave en el diseño de la interacción, ya que permiten guiar al usuario cuando tiene dudas o dificultades para completar una tarea. Estos mensajes deben estar claramente visibles y ha de ser fácil acceder a ellos. El usuario debería resolver sus problemas sin necesidad de abandonar la interfaz.

En los bocetos, es necesario incluir ubicaciones claras para los elementos de ayuda, como botones de **Ayuda** o iconos de información que, al ser seleccionados, ofrezcan guías o sugerencias. Además, es importante que los mensajes de ayuda sean concisos y estén escritos en un lenguaje accesible, evitando jergas técnicas que puedan confundir al usuario.

Ejemplo

En una aplicación de banca móvil, un icono de ayuda junto al botón de transferencia de dinero puede proporcionar una breve explicación de cada campo que completar, lo que asegura que el usuario entiende el proceso antes de ejecutarlo.

6.7. Pantallas/mensajes de error

Los mensajes de error sirven para indicar al usuario que algo no ha salido como se esperaba. Estos mensajes deben ser claros, informativos y, preferiblemente, ofrecer una solución para corregir el problema.

Los bocetos deben incluir representaciones de los posibles errores que puedan surgir durante la interacción, como errores de validación en formularios, fallos en la conexión o problemas técnicos con el sistema. Además, estos mensajes de error tienen que ser fáciles de entender y no técnicos, para que el usuario sepa qué hacer a continuación sin sentirse frustrado.

Nota

El diseño de mensajes de error efectivos es importante para mantener la confianza del usuario en la plataforma. Los que sean ambiguos o demasiado técnicos pueden generar una experiencia negativa. En cambio, los mensajes que ofrecen soluciones claras y accesibles pueden incluso fortalecer la percepción del sistema.

Actividades

5. ¿Cómo influye el control de errores en la experiencia del usuario en un diseño multimedia? ¿Qué elementos deben incluirse en los bocetos para anticipar y solucionar estos errores?
6. Investigue sobre las técnicas de optimización de tiempos de respuesta y reflexione sobre su impacto en el diseño de productos multimedia interactivos. Proporcione ejemplos de cómo mejorar la velocidad de carga sin sacrificar la funcionalidad.

7. Bocetos de la navegación global del producto multimedia

El boceto de la navegación global de un producto multimedia es una representación visual de cómo los usuarios accederán y se moverán a través de las distintas secciones y funcionalidades del sistema. La creación de un esquema de navegación claro y bien estructurado sirve para guiar al usuario de manera intuitiva y eficiente a lo largo de la interfaz, que encuentre lo que busca sin esfuerzo.

La navegación global involucra a la estructura general de las pantallas y páginas, las rutas que conectan una sección con otra y los elementos de navegación que facilitan el acceso a los diferentes contenidos. Los bocetos deben representar de manera clara el **flujo de navegación,** permitiendo visualizar las posibles rutas que los usuarios seguirán y anticipar cualquier punto de fricción o confusión.

7.1. Árbol de navegación

El árbol de navegación es una representación jerárquica que muestra cómo se estructuran las páginas y pantallas dentro del producto multimedia. Este esquema ayuda a planificar la arquitectura de la información, haciendo que las secciones principales y secundarias estén claramente definidas y organizadas de manera lógica.

Durante el proceso de bocetado, es importante representar este árbol para visualizar cómo los usuarios accederán a las diferentes secciones, desde la página principal hasta las subpáginas más específicas. El árbol de navegación también ayuda a identificar posibles rutas redundantes o circuitos complejos que podrían simplificarse.

Los bocetos del árbol de navegación deben incluir:

- **Nodos principales:** representan las secciones clave del producto.
- **Nodos secundarios:** son las subpáginas o subsecciones que dependen de las principales.
- **Conexiones:** indican las rutas de acceso entre las distintas secciones.

Ejemplo

En una tienda *online*, el árbol de navegación puede comenzar con la página de inicio, de la que se derivan secciones como ***Categorías, Ofertas, Mi cuenta***. Desde cada una de estas habrá subsecciones como ***Ropa, Tecnología, Historial de compras***, etc. Aquí puede observar un ejemplo simplificado:

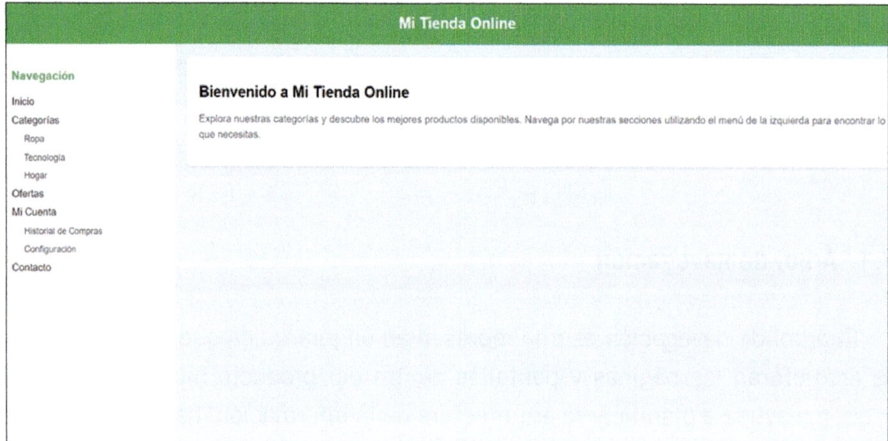

7.2. Bucles

Los bucles dentro de la navegación son situaciones en las que el usuario puede regresar a una sección previa sin perder su progreso o reanudar una tarea de manera fluida. En los bocetos, es importante planificar los bucles de navegación para que los usuarios puedan volver a puntos clave sin necesidad de comenzar desde el inicio.

Los bucles son útiles para proporcionar una mejor experiencia de usuario, evitando que este se sienta atrapado en una sola ruta o página. Un bucle bien diseñado permite que el usuario navegue entre secciones de manera eficiente, manteniendo el contexto de su tarea o exploración.

Es importante identificar los puntos donde los bucles pueden ser necesarios, como cuando un usuario completa una acción y desea volver a la página anterior, o cuando necesita revisar una parte del contenido antes de proceder a la siguiente.

Nota

Un bucle mal gestionado puede confundir al usuario si no tiene claro cómo regresar a la página anterior o si se encuentra en una ruta cíclica sin salida.

7.3. Textos de mensajes de error, de ayuda y avisos

Los textos de mensajes de error, de ayuda y avisos son elementos clave en cualquier interfaz multimedia, ya que proporcionan información útil al usuario durante su interacción con el sistema. Estos textos deben ser diseñados cuidadosamente para que sean claros, directos y comprensibles. Así, por ejemplo:

- **Mensajes de error:** deben informar al usuario cuando algo no funciona como se esperaba. Los mensajes de error deben ofrecer una explicación clara del problema y, si es posible, una solución o guía sobre cómo corregirlo.

- **Mensajes de ayuda:** estos textos proporcionan asistencia al usuario para que comprenda mejor cómo utilizar el sistema o completar una tarea específica. Deben estar fácilmente accesibles y ser lo suficientemente detallados como para resolver las dudas más comunes.
- **Avisos:** son mensajes que informan al usuario de algún evento o estado en la interfaz, como la finalización de una acción, un cambio en la configuración o el progreso de una tarea en curso.

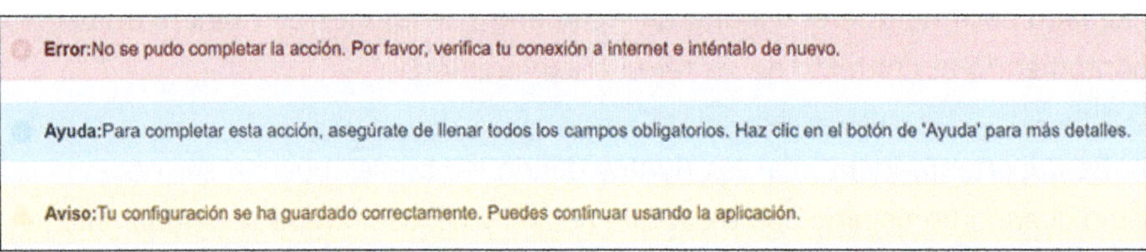

Ejemplo de mensajes de error, ayuda y aviso

Durante el proceso de bocetado, es necesario prever dónde aparecerán estos mensajes y cómo se mostrarán visualmente para que no interfieran con la navegación o la interacción general del usuario.

Nota

Los textos de error, ayuda y avisos deben ser consistentes en estilo y tono con el resto del contenido. Utilizar un lenguaje amigable y positivo puede mejorar significativamente la experiencia de usuario.

7.4. Elementos organizativos

Los elementos organizativos son componentes clave en el desarrollo de bocetos y esquemas para productos multimedia, ya que permiten estructurar de manera eficiente la información y las interacciones dentro del proyecto. Estos elementos ayudan a que el flujo de trabajo sea más comprensible, tanto para el equipo de diseño como para el cliente, y facilitan la implementación técnica del producto final.

Entre los principales elementos organizativos se incluyen:

- **Jerarquía visual:** establecer la importancia relativa de cada elemento en la pantalla. Por ejemplo, los títulos principales deben destacar más que los subtítulos o el texto secundario.
- **Estructura modular:** dividir el contenido en módulos o bloques que puedan ser reutilizados o reorganizados fácilmente. Esto facilita las actualizaciones y mejoras posteriores.
- **Puntos de referencia:** establecer puntos clave que guíen al usuario a lo largo del contenido. Los menús, botones y enlaces deben estar organizados para facilitar la navegación.

Los elementos organizativos deben estar representados en los bocetos de forma clara, anticipando cómo se relacionarán entre sí las distintas secciones y cómo el usuario interactuará con ellas.

7.5. Diagramas de flujo o navegación

Un diagrama de flujo es una representación visual que muestra el recorrido lógico que seguirá el usuario a través de un sistema o producto multimedia. Estos diagramas definen cómo el usuario se moverá entre las diferentes pantallas o secciones del producto, para que el flujo de navegación sea claro, intuitivo y eficiente.

El diagrama de flujo incluye **puntos de decisión,** donde el usuario puede elegir entre distintas opciones, y **puntos de acción,** que representan las tareas o pasos que el usuario debe completar para avanzar en el proceso.

El uso de diagramas de flujo permite visualizar el recorrido completo del usuario dentro del sistema, lo que ayuda a identificar posibles cuellos de botella o áreas donde el flujo podría ser simplificado. Los bocetos que acompañan a estos diagramas deben mostrar las pantallas clave, las rutas entre ellas y cualquier interacción relevante que afecte el flujo.

Ejemplo

En un sitio web de reservas de hotel, el diagrama de flujo podría representar las opciones del usuario desde la página principal, pasando por la búsqueda de habitaciones, selección de fechas y servicios, hasta llegar a la confirmación de la reserva. Un ejemplo simplificado puede ser el siguiente:

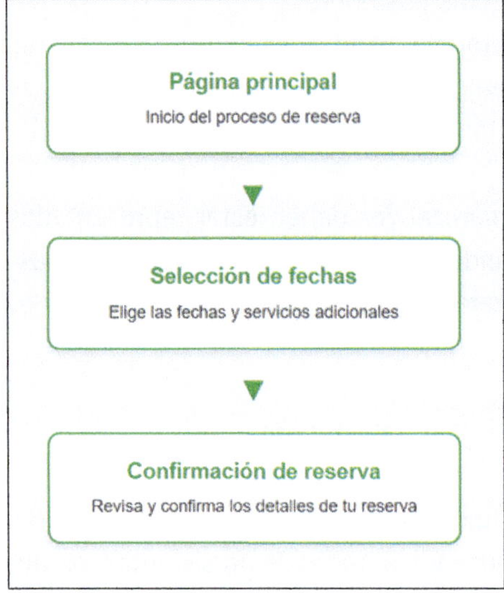

Continúa en página siguiente >>

<< Viene de página anterior

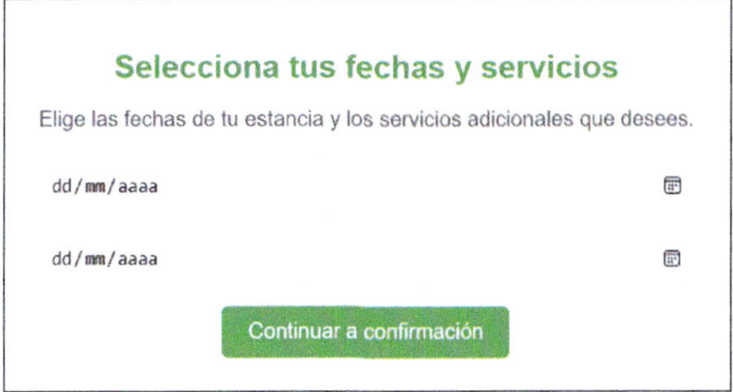

Confirmación de reserva

Revisa los detalles de tu reserva antes de confirmar.

Fechas: 01/01/2024 - 05/01/2024

Servicios adicionales: Desayuno incluido, acceso al spa

Confirmar reserva

7.6. Diagrama de programa

El diagrama de programa es una representación visual del flujo lógico y secuencial de un programa o sistema digital. Este tipo de diagrama se utiliza para ilustrar cómo se comporta el sistema en diferentes situaciones, permitiendo planificar y prever todas las posibles interacciones del usuario y cómo responderá el programa a cada una de ellas.

A través de un diagrama de programa se pueden representar las interacciones entre los diferentes módulos del sistema, los puntos de decisión y las acciones que el sistema ejecuta en función de las entradas del usuario. Es especialmente útil para planificar el desarrollo de *software* interactivo y productos multimedia complejos que requieren de múltiples capas de interacción y funcionalidad.

El siguiente ejemplo muestra un sistema interactivo en el que el usuario puede seguir diferentes caminos según sus entradas. Destacan los módulos principales, los puntos de decisión y las acciones que toma el sistema:

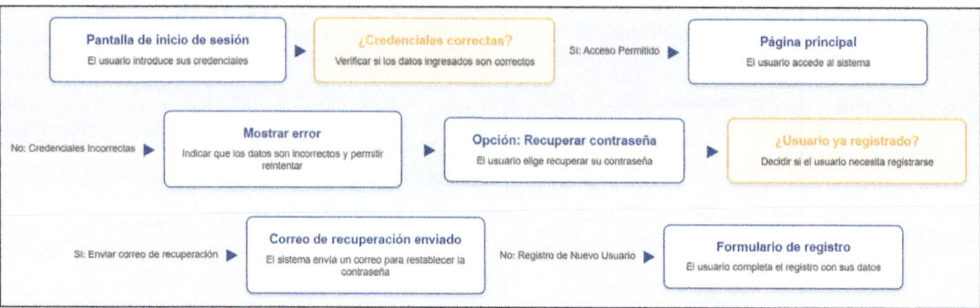

7.7. Diagrama de sistema

El diagrama de sistema es una representación a mayor escala de la estructura técnica del producto multimedia. Este diagrama muestra cómo los diferentes componentes y módulos del sistema interactúan entre sí, así como las relaciones con sistemas externos, bases de datos, servidores y otros recursos.

Un diagrama de sistema es importante para comprender cómo fluyen los datos y cómo se conectan los distintos elementos técnicos del proyecto. Es especialmente relevante en proyectos que implican interacción con múltiples bases de datos o integración con API y otros sistemas externos.

Los bocetos del diagrama de sistema ayudan a los desarrolladores a visualizar la arquitectura técnica completa, pues permiten una planificación más eficiente y una identificación temprana de posibles problemas o cuellos de botella.

Sabía que...

En la planificación de proyectos multimedia de gran envergadura, el uso de diagramas de sistemas como UML *(Unified Modeling Language)* puede facilitar la visualización de la interacción entre los diferentes componentes del sistema.

7.8. Diagrama de procedimiento

El diagrama de procedimiento detalla los pasos específicos y secuenciales que el usuario o el sistema debe seguir para completar una tarea o proceso dentro del producto multimedia. Este tipo de diagrama es especialmente útil para describir procesos complejos, como la ejecución de transacciones, la navegación por formularios o la finalización de tareas que implican múltiples pasos.

El diagrama de procedimiento suele incluir:

- **Acciones del usuario:** los pasos que debe seguir el usuario para completar una tarea.
- **Respuestas del sistema:** las acciones automáticas que ejecuta el sistema en respuesta a las entradas del usuario.
- **Puntos de verificación:** momentos clave en el procedimiento en los que el sistema debe validar una acción o un dato antes de proceder.

Este tipo de diagrama es útil para los equipos de desarrollo y diseño, ya que clarifica cómo deben implementarse las interacciones. También asegura que el procedimiento sea fluido y eficiente.

Vemos un ejemplo que simula el proceso de compra en una tienda en línea, desde agregar un producto al carrito hasta finalizar la compra (mostrando las acciones del usuario, las respuestas del sistema y los puntos de verificación):

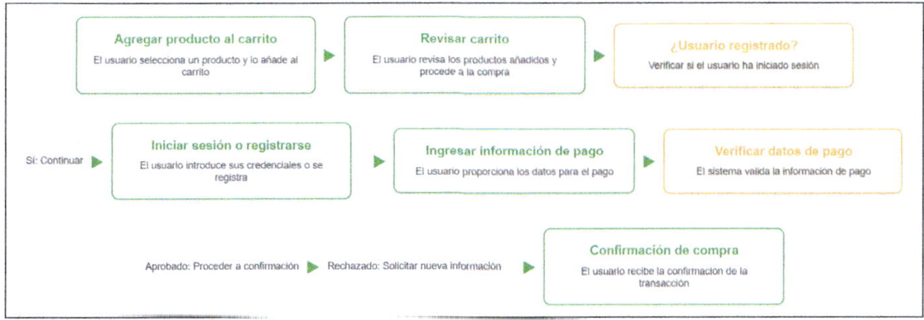

Ejemplo

En un proceso de compra en línea, el diagrama de procedimiento podría detallar los pasos: el usuario selecciona un producto, añade la información de envío, elige un método de pago y finalmente confirma la compra.

Aplicación práctica

Está desarrollando un sistema de reservas en línea para una cadena de restaurantes. Debe crear un diagrama de flujo que represente el proceso que seguirá el usuario para realizar una reserva desde la página principal hasta la confirmación final. Además, se le ha solicitado identificar posibles cuellos de botella y proponer mejoras en el flujo de navegación.

Diseñe un esquema básico del diagrama de flujo que represente el proceso de reserva en línea e identifique un posible cuello de botella en el flujo. Proponga una mejora que optimice la experiencia del usuario.

SOLUCIÓN

Diagrama de flujo:

- Página principal: el usuario accede al sitio web y selecciona la opción **Reservar.**
- Búsqueda de restaurantes: el usuario introduce la ubicación y fecha deseada.
- Selección de restaurante: el usuario elige un restaurante de la lista de resultados.
- Selección de fecha y hora: el usuario selecciona la fecha y hora disponibles.
- Confirmación de detalles: el usuario revisa y confirma los detalles de la reserva.
- Reserva exitosa: el sistema muestra la confirmación de la reserva.
- Posible cuello de botella: el momento de la selección de la fecha y hora podría ser un cuello de botella si no se muestran claramente las opciones disponibles o si el sistema no actualiza automáticamente la disponibilidad de horarios.
- Propuesta de mejora: implementar un calendario dinámico que muestre de forma visual las fechas y horas disponibles en tiempo real. Esto reduciría la frustración del usuario al ofrecer una experiencia más intuitiva y permitiría seleccionar rápidamente entre las opciones disponibles sin tener que intentarlo varias veces.

8. Integración de elementos multimedia en bocetos de productos editoriales multimedia

La integración de elementos multimedia en productos editoriales multimedia, tales como libros electrónicos, revistas digitales o plataformas de aprendizaje interactivo, es clave para ofrecer una experiencia visualmente atractiva e interactiva. Los bocetos de estos productos deben representar de manera clara cómo se incluirán y presentarán los elementos multimedia, como imágenes, vídeos, audio y animaciones, de forma que complementen el contenido textual sin abrumar al usuario.

El objetivo de integrar multimedia es mejorar la comprensión y la retención de la información, utilizando recursos visuales y auditivos que refuercen el mensaje principal. Los bocetos deben prever cómo se posicionarán estos elementos y cómo interactuarán con el resto del contenido, lo cual garantizará una navegación fluida y una experiencia de usuario óptima.

8.1. Previsualización de imágenes y elementos multimedia en navegadores y pantallas

La previsualización permite que los diseñadores, desarrolladores y clientes puedan ver cómo se verán y comportarán los elementos visuales en diferentes navegadores y pantallas antes de la implementación final. Algunos de sus aspectos clave son:

1. **Calidad de las imágenes:** durante la previsualización, hay que verificar que las imágenes mantengan una alta calidad sin afectar negativamente el rendimiento. Esto incluye el uso de formatos de imagen optimizados como JPEG, PNG o SVG (para gráficos vectoriales), que permiten reducir el peso del archivo sin sacrificar la nitidez.
2. **Escalabilidad:** las imágenes y elementos multimedia deben ser escalables y ajustarse a diferentes tamaños de pantalla. Esto se puede lograr a través del diseño responsivo, donde las imágenes se adaptan a distintas resoluciones de pantalla (desde teléfonos móviles hasta monitores de alta definición) sin perder calidad.

3. **Compatibilidad multimedia:** los navegadores y dispositivos pueden comportarse de manera diferente al manejar elementos multimedia. Es importante asegurarse de que los vídeos, animaciones o audios incrustados funcionen correctamente en todos los navegadores y plataformas, incluyendo *Chrome, Firefox, Safari, Edge* y los navegadores móviles. Los bocetos deben reflejar estas pruebas de compatibilidad y considerar la integración de distintos formatos multimedia (MP4, WebM, OGG, etc.).
4. **Carga progresiva y *lazy loading:*** para mejorar la experiencia de usuario, es recomendable implementar técnicas de carga progresiva, donde se muestran versiones de baja resolución de las imágenes o indicadores de carga mientras se completa la descarga del archivo completo en segundo plano. Esto es especialmente importante para páginas con muchas imágenes o elementos multimedia pesados.
5. **Interactividad:** los bocetos deben mostrar cómo los elementos multimedia interactuarán con el usuario. Esto incluye el comportamiento de las imágenes (como *zoom,* desplazamiento o galerías de imágenes) y cómo los vídeos o animaciones se reproducen o pausan al interactuar con ellos.

Ejemplo

En una revista digital, el boceto debe mostrar cómo se previsualizarán las imágenes dentro de los artículos, con la posibilidad de hacer clic para ampliarlas. Los vídeos incrustados pueden mostrarse en miniatura y reproducirse a pantalla completa cuando el usuario interactúe con ellos. La previsualización debe incluir cómo estos elementos se adaptarán a diferentes tamaños de pantalla, asegurando que se mantenga una experiencia fluida en cualquier dispositivo.

Actividades

7. Analice cómo la integración de elementos multimedia, como imágenes y vídeos, puede mejorar la experiencia del usuario en productos editoriales digitales, asegurando que estos complementen el contenido sin abrumar al usuario.
8. Explore cómo la compatibilidad de elementos multimedia en diferentes navegadores y dispositivos puede afectar la experiencia de usuario en productos editoriales digitales, y sugiera estrategias para asegurar un funcionamiento uniforme en todos los entornos.

9. Resumen

Las normas de estilo aseguran la coherencia visual y funcional del diseño. Elementos como la proporción, el ritmo y el equilibrio ayudan a distribuir los componentes visuales de manera armónica. La adaptación al formato permite que el diseño responda adecuadamente en diferentes dispositivos y pantallas.

Existen varios aspectos clave, como la adecuación al mensaje, que hacen que los elementos visuales refuercen el objetivo del diseño. La legibilidad facilita que los textos sean fácilmente comprensibles y la funcionalidad garantiza que las interacciones sean intuitivas. Además, la compatibilidad multiplataforma permite que el producto funcione de manera óptima en diversos dispositivos y sistemas operativos.

Las plantillas proporcionan estructuras reutilizables que aceleran el proceso de diseño y mantienen la coherencia. Existen plantillas estáticas y animadas, cada una adecuada para diferentes necesidades del proyecto. Además, es importante diseñar hojas de estilo que organicen la apariencia visual de manera eficiente y faciliten futuras modificaciones.

El bocetado de alternativas permite explorar varias opciones de diseño antes de llegar a una solución final. Se deben presentar diferentes propuestas de navegación, de interacción y de funcionalidad, con el objetivo de que el cliente pueda evaluar cuál es la más adecuada para su producto.

La interactividad es esencial en productos multimedia. Es importante prever cómo se manejarán los errores y cómo se optimizarán los pesos y tiempos de respuesta para mejorar la experiencia del usuario. Los elementos interactivos deben estar bien integrados con el diseño gráfico, y se deben prever mensajes de ayuda y error claros que faciliten la navegación.

Se utiliza un árbol de navegación para estructurar jerárquicamente las páginas y pantallas del producto, para que la navegación sea clara y eficiente. Es importante prever los bucles de navegación para facilitar que los usuarios puedan regresar a secciones previas sin perder su progreso. Además, los mensajes de error, ayuda y avisos deben ser fáciles de entender. Los problemas se han de resolver de manera efectiva.

La integración de imágenes, vídeos y otros recursos multimedia sirve para mejorar la experiencia visual del usuario. La previsualización de imágenes y elementos multimedia en diferentes navegadores y pantallas asegura que la calidad y el rendimiento se mantengan óptimos en cualquier dispositivo.

Ejercicios de repaso y autoevaluación

1. **Explique la importancia de la proporción en el diseño multimedia.**

2. **Mencione un tipo de ritmo que se puede aplicar en el diseño de una interfaz multimedia y explique su efecto en la experiencia del usuario.**

3. **¿Qué es el equilibrio asimétrico y en qué tipo de productos multimedia se recomienda su uso?**

4. **Defina la importancia de la legibilidad en el diseño multimedia.**

5. **Seleccione la opción correcta: ¿qué técnica es más adecuada para asegurar la adaptabilidad de un diseño a diferentes formatos?**

    a. Uso de imágenes rasterizadas
    b. Diseño responsivo
    c. Estilo en línea
    d. Uso de fuentes fijas

6. Describa cómo se puede integrar la interactividad en un boceto multimedia y proporcione un ejemplo.

7. Explique el concepto *navegación horizontal* y en qué tipo de productos multimedia es más adecuada.

8. ¿Qué es un árbol de navegación y cómo ayuda en el diseño multimedia?

9. Mencione un aspecto clave que considerar al diseñar mensajes de error en una interfaz multimedia.

10. Describa el propósito de utilizar plantillas en el diseño multimedia.

---

11. ¿Qué tipo de diagrama se utiliza para representar el flujo de navegación en un producto multimedia? ¿Por qué es importante?

____

____

____

____

12. Complete la frase:

La ________ en el diseño de productos multimedia se refiere a la relación de tamaño entre los diferentes elementos visuales dentro de una pantalla o interfaz.

13. Explique cómo la planificación de estilos impacta en la coherencia visual de un producto multimedia.

____

____

____

____

14. Elija una propuesta de interacción que mejore la experiencia de usuario en una aplicación educativa interactiva. Justifique su elección.

____

____

____

____

15. Complete la frase:

El ________ en el diseño multimedia se refiere a la disposición y repetición de elementos visuales para crear una experiencia fluida y coherente para el usuario.

Capítulo 5

Derechos legales de uso de contenidos multimedia

Contenido

1. Introducción

La utilización de contenidos multimedia en productos editoriales y digitales plantea diversas consideraciones legales que deben ser cuidadosamente abordadas. Es fundamental asegurar el respeto a los derechos de propiedad intelectual, así como garantizar la correcta gestión de los derechos de uso y explotación de los elementos incorporados en el producto multimedia.

Los principios básicos de la propiedad intelectual aplicados a los contenidos multimedia y la legislación vigente que regula su uso son aspectos esenciales para asegurar una explotación legal y eficiente. Existen distintos tipos de derechos que protegen estos contenidos, como las patentes, las licencias y los *royalties,* los cuales influyen en el desarrollo y la comercialización de productos multimedia.

La autorización y titularidad de los contenidos, así como las obligaciones de los usuarios y autores respecto a la explotación de sus obras, son aspectos clave que deben ser considerados. La gestión colectiva de derechos de uso también es fundamental para evitar conflictos y garantizar el cumplimiento de las normativas legales.

Para asegurar una correcta explotación de los recursos multimedia, es importante contar con herramientas y procedimientos para la documentación y gestión administrativa de estos derechos. Esto contribuye a una adecuada protección legal y al aprovechamiento eficiente de los recursos en los proyectos editoriales.

2. Definición y normativa sobre propiedad intelectual

La propiedad intelectual se refiere al conjunto de derechos que la ley concede a los autores y creadores sobre sus obras, invenciones y signos distintivos. Estos derechos permiten a sus titulares controlar el uso de sus creaciones, ya sea a través de la explotación comercial, la distribución o la reproducción de estas. La propiedad intelectual se divide en dos grandes ramas: **derechos de autor y propiedad industrial.** Los derechos de autor protegen obras literarias, artísticas, musicales y científicas, mientras que la propiedad industrial abarca patentes, marcas, diseños industriales y modelos de utilidad.

A nivel internacional, la propiedad intelectual está regulada por diversos tratados, como el **Convenio de Berna** y el **Tratado de la OMPI sobre Derecho de Autor.** Cada país cuenta con su propia legislación, que establece los procedimientos para el registro, gestión y protección de estos derechos. En España, la **Ley de Propiedad Intelectual** (Real Decreto Legislativo 1/1996) es la norma que regula esta materia.

Nota

La propiedad intelectual es un campo amplio que también incluye los derechos conexos, que protegen a los intérpretes, productores y radiodifusores en relación con sus actuaciones o transmisiones.

3. Ley de Protección de Datos

La Ley de Protección de Datos es una norma que regula el tratamiento de datos personales, con el fin de garantizar el derecho a la privacidad de las personas. Esta ley exige que cualquier organización que maneje datos personales adopte las medidas necesarias para proteger la confidencialidad, integridad y seguridad de esa información.

En Europa, la **Regulación General de Protección de Datos (RGPD)** es la normativa de referencia, vigente desde 2018, que establece los derechos de los usuarios, como el acceso, rectificación, cancelación y oposición al uso de sus datos. En España, la **Ley Orgánica de Protección de Datos y Garantía de los Derechos Digitales** (LOPDGDD) complementa el RGPD, adaptando algunos de sus preceptos a la realidad nacional.

Las organizaciones deben contar con políticas claras sobre el manejo de datos y llevar a cabo auditorías periódicas para garantizar el cumplimiento de estas normativas. El incumplimiento de estas obligaciones puede resultar en sanciones severas.

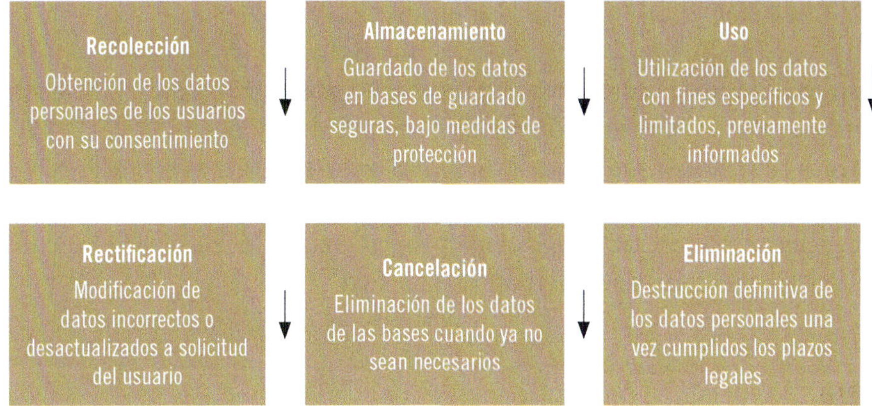

***Ciclo de vida** de los datos personales*

Ejemplo

Un ejemplo práctico de la aplicación de la Ley de Protección de Datos es la necesidad de contar con el consentimiento explícito de los usuarios antes de recolectar y procesar sus datos, especialmente en actividades comerciales como el envío de correos electrónicos publicitarios.

4. Definición de los derechos legales de uso

Los **derechos legales de uso** son las autorizaciones y limitaciones que permiten a una persona u organización utilizar, distribuir o explotar contenidos creados por terceros. Estos derechos son esenciales para proteger la **propiedad intelectual** y evitar el uso no autorizado de obras, ya sean multimedia, literarias, artísticas o tecnológicas. En el ámbito multimedia, estos derechos se aplican a imágenes, vídeos, música, *software* y otros contenidos digitales, garantizando que su explotación sea justa y conforme a la ley.

Existen diferentes formas de adquirir derechos legales de uso, como a través de **licencias** que detallan las condiciones específicas de uso, o mediante la **compra** de los derechos exclusivos para la explotación de la obra.

4.1. Titularidad

La titularidad de una obra o contenido multimedia se refiere a la propiedad sobre los derechos de uso y explotación de esta. El titular puede ser una persona física o jurídica (como una empresa), y es quien tiene el control sobre cómo se utiliza la obra. La titularidad es un aspecto fundamental de los derechos de propiedad intelectual, ya que determina quién tiene la capacidad legal de otorgar permisos, vender o licenciar el contenido.

Importante

Es fundamental distinguir entre el titular de una obra y su autor. Aunque generalmente coinciden, en ocasiones los derechos de titularidad pueden ser transferidos a terceros, como en el caso de empresas que adquieren los derechos de obras creadas por empleados.

4.2. Autoría

La autoría hace referencia a la persona o personas que han creado una obra original. El autor tiene **derechos morales** sobre su creación, los cuales son inalienables y no transferibles. Estos derechos incluyen el reconocimiento de la paternidad de la obra, es decir, el derecho a ser identificado como el creador, y el derecho a oponerse a cualquier modificación que desvirtúe la obra.

En el ámbito multimedia, la autoría puede ser compartida entre varias personas, como ocurre en el desarrollo de *software* o en la creación de productos audiovisuales, donde cada participante tiene una aportación significativa.

Ejemplo

En un proyecto multimedia, el diseñador gráfico, el desarrollador de *software* y el compositor de la banda sonora pueden ser considerados autores, cada uno con derechos sobre su respectiva contribución a la obra

4.3. Explotación

En el contexto de los derechos de propiedad intelectual, con explotación se hace referencia a la utilización comercial o no comercial de una obra, permitiendo su reproducción, distribución, comunicación pública, transformación o cualquier otro uso autorizado por el titular de los derechos. La explotación puede realizarse de diversas formas, como la venta de copias, la transmisión digital o la concesión de licencias.

El derecho de explotación es esencial para que los autores y titulares puedan obtener beneficios económicos de sus creaciones. Estos derechos son transferibles y pueden ser cedidos o licenciados a terceros bajo condiciones específicas.

5. Tipos de derechos legales de uso

Existen diversos tipos de derechos que protegen el uso de las creaciones. Es importante comprender las diferencias entre ellos para garantizar una gestión adecuada de los contenidos multimedia.

5.1. Patentes

Las patentes protegen invenciones técnicas. Otorgan al titular el derecho exclusivo de explotación durante un período determinado, generalmente veinte años. En el contexto multimedia, las patentes pueden cubrir *software* innovador, dispositivos tecnológicos o métodos de procesamiento de datos que sean originales y no obvios.

5.2. Licencias

Una **licencia** es un acuerdo mediante el cual el titular de los derechos de una obra otorga permiso a un tercero para utilizarla, con ciertas condiciones. Las licencias pueden ser **exclusivas,** si solo un licenciatario tiene derecho a usar la obra, o **no exclusivas,** si varios usuarios pueden acceder a los mismos derechos.

Existen múltiples tipos de licencias, como las **Creative Commons,** que permiten a los autores compartir su trabajo con ciertas restricciones, o las licencias comerciales, que suelen incluir pagos por el uso de los contenidos.

5.3. *Royalties*

Son pagos que se hacen al titular de los derechos de una obra como compensación por su uso o explotación. Estos pagos suelen ser un porcentaje de los ingresos generados por la obra. Son comunes en la industria multimedia, donde se aplican a música, películas, *software* y otros productos digitales.

Vemos **ejemplos de aplicación** de los tres tipos de derechos legales de uso:

Patentes: una empresa patenta un nuevo *software* de edición de vídeo que automatiza efectos visuales y permite su comercialización exclusiva.

Licencias: una productora adquiere una licencia de imágenes de archivo para ser usadas en un documental durante un periodo de 5 años.

***Royalties*:** un compositor recibe *royalties* cada vez que su música es utilizada en proyectos audiovisuales a través de plataformas de *streaming*.

Nota

Los *royalties* son una de las principales formas de monetización de los contenidos multimedia. Por ejemplo, cuando una canción es reproducida en un servicio de *streaming*, el autor o titular de los derechos recibe un pago por cada reproducción, que puede variar dependiendo del contrato y del tipo de licencia otorgada.

Actividades

1. ¿Qué diferencia existe entre la titularidad y la autoría de una obra multimedia? ¿Cómo se relacionan estos conceptos con los derechos de explotación?
2. Investigue y describa cómo las licencias Creative Commons se aplican en proyectos multimedia y qué tipo de restricciones pueden imponer en la distribución y uso de contenidos digitales.

Aplicación práctica

Está desarrollando una plataforma educativa que incluirá vídeos, música, *software* interactivo y artículos escritos por colaboradores externos. Es fundamental que entienda cómo gestionar los derechos legales de uso de los contenidos que planea integrar, para evitar problemas legales y garantizar el cumplimiento de las normativas.

Considere las siguientes situaciones y elija qué tipo de derecho legal (patentes, licencias o *royalties*) es más adecuado en cada caso. Justifique brevemente su elección:

Situación A. Quiere integrar un *software* interactivo desarrollado por una empresa externa que es clave para la funcionalidad de su plataforma.

Continúa en página siguiente >>

<< Viene de página anterior

Situación B. Ha contratado a varios músicos para crear bandas sonoras originales para los vídeos de la plataforma y se les pagará un porcentaje de las ganancias por cada reproducción.

Situación C. Está utilizando un dispositivo de realidad aumentada que ha sido patentado recientemente por una empresa tecnológica.

SOLUCIÓN

Situación A: licencias. En este caso sería necesario firmar un acuerdo de licencia con la empresa que desarrolló el *software* interactivo. Esto le permitirá utilizar el *software* en las condiciones establecidas, garantizando que se respetan los derechos de la empresa desarrolladora.

Situación B: *royalties*. Como los músicos recibirán un pago basado en las reproducciones de sus bandas sonoras, los *royalties* son el tipo de derecho más adecuado. Este modelo es común en la industria musical y multimedia para compensar a los creadores por la explotación de sus obras.

Situación C: patentes. El dispositivo de realidad aumentada está protegido por una patente, lo que significa que la empresa tiene los derechos exclusivos de explotación de la tecnología. Si usted decide utilizar este dispositivo, debe respetar la patente y posiblemente negociar un acuerdo de licencia para su uso en su plataforma.

---

6. Los derechos de uso de contenidos multimedia

Los **derechos de uso de contenidos multimedia** permiten que terceros puedan utilizar, distribuir o modificar elementos como imágenes, vídeos, música o *software*, siempre bajo condiciones definidas por los titulares de los derechos. Estos derechos son esenciales para garantizar la legalidad en la creación de productos multimedia, ya que establecen los límites y permisos en torno al uso de contenidos que no han sido creados directamente por quien los utiliza.

El acceso a estos derechos puede realizarse a través de diferentes vías, como la compra directa de los derechos, la obtención de licencias de uso o, en algunos casos, el acceso a contenidos de dominio público o bajo licencias abiertas, como las **Creative Commons.** En todos los casos, es fundamental respetar las condiciones impuestas por el titular de los derechos para evitar infringir la ley.

6.1. Especificaciones en cuanto a la explotación

Las especificaciones de explotación definen cómo se puede utilizar una obra multimedia por parte de quienes han adquirido los derechos de uso. Estas especificaciones suelen incluir aspectos como:

- El **ámbito territorial:** puede restringir el uso a ciertas regiones o países.
- El **tipo de explotación:** por ejemplo, si el contenido puede ser usado con fines comerciales o solo personales.
- El **formato de distribución:** limitando el uso de la obra a ciertos formatos (digital, impreso, etc.).
- La **duración** del uso: las licencias o permisos pueden ser temporales o indefinidos.

Estas condiciones deben ser claras y detalladas en los contratos de licencias, para evitar malentendidos o malinterpretaciones entre los usuarios y los titulares de los derechos.

Ejemplo

Una empresa multimedia puede adquirir una licencia para usar imágenes en un proyecto de publicidad en línea, pero el contrato de derechos puede especificar que estas imágenes no pueden ser reutilizadas en otros soportes, como material impreso o aplicaciones móviles.

6.2. Costes de los derechos de uso y/o explotación

El coste de los derechos de uso y explotación varía significativamente según el tipo de contenido, su popularidad, el ámbito de uso, la duración de la licencia y otras condiciones específicas. Algunos factores que influyen en el coste son:

- **Licencias exclusivas:** suelen ser más caras que las no exclusivas, ya que garantizan al comprador que nadie más podrá utilizar el contenido durante el periodo acordado.
- El **tipo de contenido:** las obras con mayor demanda (como música popular o imágenes de alta calidad) suelen tener un coste más elevado.
- **Duración de la licencia:** las licencias permanentes suelen ser más costosas que aquellas temporales.

El coste de explotación puede presentarse en forma de un pago único, como en la compra de derechos, o en pagos periódicos, como ocurre con los **royalties.**

Nota

En algunos casos, los costes de los derechos de uso pueden ser negociables. Es común que las grandes producciones multimedia negocien licencias a medida según sus necesidades, lo que puede resultar en acuerdos económicos más ventajosos para ambas partes.

6.3. Derechos y obligaciones de usuarios y autores

Los usuarios y los autores de contenido multimedia tienen derechos y obligaciones claramente establecidos por la ley y los contratos de licencia.

Para los autores, sus **derechos** incluyen:

- **Derechos morales:** el reconocimiento de la autoría y el derecho a que no se modifique la obra sin su consentimiento.
- **Derechos de explotación:** la capacidad de licenciar, vender o distribuir su obra, y de recibir compensación por su uso.

Los **usuarios** que adquieren licencias o permisos de uso también tienen derechos, tales como:

- El **derecho a utilizar** el contenido dentro de los límites establecidos en el contrato
- El **derecho a modificar** o adaptar el contenido, si la licencia lo permite

Las **obligaciones** de los usuarios incluyen:

- **Respetar las condiciones de la licencia,** tales como no distribuir el contenido más allá de lo permitido.
- **Reconocer la autoría** de la obra, si así lo requiere el contrato o las leyes de derechos de autor.

Nota

En muchos casos, las infracciones de derechos de uso ocurren por desconocimiento de las licencias o por no leer detenidamente los contratos. Es fundamental que tanto los autores como los usuarios comprendan completamente sus derechos y obligaciones antes de utilizar cualquier contenido multimedia.

7. Gestión colectiva de los derechos legales de uso de contenidos multimedia

La gestión colectiva de los derechos de uso de contenido multimedia es un mecanismo mediante el cual los autores y titulares de derechos de propiedad intelectual delegan la gestión de sus obras en entidades de gestión colectiva. Estas organizaciones se encargan de administrar los derechos de explotación de un gran número de creaciones, asegurándose de que los autores reciben una compensación justa por el uso de sus obras y que los usuarios pueden acceder a las licencias correspondientes de forma legal y simplificada.

Las entidades de gestión colectiva operan en diversas áreas, como música, cine, literatura y otros tipos de contenidos multimedia. Estas organizaciones establecen contratos con los usuarios de las obras (como plataformas digitales, emisoras de radio, televisiones, etc.), recaudan los pagos correspondientes y los distribuyen entre los autores.

Entre las principales funciones de estas entidades están las siguientes:

- **Negociar tarifas** y condiciones de uso de los contenidos en nombre de los autores.
- **Recaudar y distribuir royalties** derivados de la explotación de las obras.
- **Supervisar el uso** adecuado de las obras y tomar medidas en caso de infracciones.

Ejemplo

Un claro ejemplo es la gestión de derechos de autor en la industria musical. Entidades como la Sociedad General de Autores y Editores (SGAE) en España, o ASCAP en los Estados Unidos, se encargan de recaudar los pagos correspondientes cuando una canción es reproducida en la radio, en un servicio de *streaming* o en un espacio público.

8. Documentación sobre los derechos de uso de contenidos multimedia

La documentación sobre los derechos de uso de contenido multimedia es imprescindible para garantizar que los permisos y limitaciones de cada obra estén claramente establecidos y puedan ser auditados en caso de disputas o verificaciones legales. Este conjunto de documentos incluye contratos, licencias, acuerdos de cesión de derechos y cualquier otra forma de certificación que regule la relación entre el titular de la obra y los usuarios.

Los aspectos más relevantes que debe incluir la documentación son:

- **Identificación del titular** de los derechos.
- **Descripción detallada de la obra** que está siendo licenciada o cedida.
- **Condiciones de uso,** como la duración, el territorio y el tipo de explotación permitido.
- **Costes y pagos** acordados para la explotación de la obra.
- **Restricciones y obligaciones** que se aplican a los usuarios, como el reconocimiento de la autoría o las limitaciones en la modificación de la obra.

Esta documentación es esencial tanto para proteger a los titulares de los derechos como para brindar claridad a los usuarios sobre lo que está permitido y lo que no. Además, los contratos deben cumplir con la normativa legal vigente, asegurando que todas las partes involucradas tengan un respaldo jurídico adecuado en caso de conflicto.

Nota

En el ámbito del desarrollo multimedia, es común utilizar bases de datos de objetos digitales, como imágenes o sonidos, que requieren una correcta documentación para su uso. Existen plataformas especializadas en la venta de licencias para este tipo de elementos, como *Getty Images* o *Shutterstock*, donde cada licencia viene acompañada de la documentación necesaria para que el usuario sepa las condiciones específicas de uso.

La correcta gestión y documentación de los derechos de uso protege a los autores y evita riesgos legales para los usuarios. Utilizar contenidos sin la adecuada licencia o documentación puede derivar en sanciones legales, multas y la pérdida de reputación de la organización involucrada.

Actividades

3. ¿Qué papel juegan las entidades de gestión colectiva en la administración de los derechos de uso de contenidos multimedia? ¿Cómo benefician tanto a los autores como a los usuarios?
4. Investigue sobre cómo las plataformas de contenido multimedia como *YouTube* o *Spotify* gestionan los derechos de uso y distribución de los contenidos subidos por sus usuarios. ¿Qué medidas emplean para cumplir con la legislación sobre propiedad intelectual?

9. Gestiones administrativas, de alquileres y pagos de derechos de autor

Las gestiones administrativas en torno a los derechos de autor son fundamentales para garantizar que las obras multimedia sean utilizadas de manera legal y conforme a lo pactado con los titulares de los derechos. Estas gestiones incluyen una serie de tareas que permiten coordinar y llevar a cabo el uso autorizado de contenidos, tanto desde el punto de vista del usuario que quiere adquirir los derechos como del autor que busca proteger su obra.

Entre las gestiones más comunes se encuentran las siguientes:

- **Solicitud y negociación de licencias:** las organizaciones o individuos que deseen utilizar una obra multimedia deben contactar con el titular de los derechos o con una entidad de gestión colectiva para obtener los permisos correspondientes. Dependiendo de la obra, se pueden negociar las condiciones de uso, como el territorio, el tiempo de explotación y los tipos de utilización permitidos (reproducción, modificación, distribución, etc.).
- **Registro de contratos y licencias:** una vez acordadas las condiciones de uso, es esencial que se documenten mediante contratos que detallen las condiciones pactadas. Estos contratos deben estar registrados o archivados para facilitar auditorías y garantizar la legalidad del uso de los contenidos.
- **Alquileres y pagos:** en algunos casos, en lugar de comprar los derechos de forma definitiva, los usuarios pueden **alquilar** o pagar por el uso

temporal de una obra. En estas situaciones, es común que los pagos sean periódicos (por ejemplo, mediante *royalties)* o se establezca una tarifa fija para un periodo determinado de uso. La gestión de estos pagos puede ser realizada directamente entre el titular y el usuario, o a través de entidades intermediarias que facilitan la recaudación y distribución de los fondos.

Ejemplo

Una productora de cine que desee utilizar una canción popular en una película debe negociar una licencia con el titular de los derechos. Esta licencia puede incluir un pago único por el uso en la película, o bien un sistema de *royalties*, por medio del cual el titular recibe un porcentaje de los ingresos generados por la película.

Aplicación práctica

Una empresa de desarrollo multimedia ha lanzado un nuevo curso interactivo en línea, el cual incluye varias obras de autores externos, como imágenes, música y textos. Después de recibir una notificación legal, la empresa descubre que no se había registrado formalmente ningún contrato de licencia para algunas de las obras utilizadas en el curso. ¿Qué paso fundamental fue omitido en este caso y cuál es el riesgo legal que ha generado este error? Explique cómo se podría haber evitado el problema desde el principio.

SOLUCIÓN

El paso omitido fue que no se registraron formalmente los contratos de licencia de las obras utilizadas.

Al no registrar los contratos, la empresa no tiene documentación legal que demuestre que obtuvo los permisos necesarios para usar las obras de los autores externos. Esto pone a la

Continúa en página siguiente >>

<< Viene de página anterior

empresa en riesgo de enfrentarse a demandas por violación de derechos de autor, lo que podría derivar en sanciones económicas o la obligación de retirar el curso.

Desde el principio, la empresa debió solicitar y negociar las licencias con los titulares de los derechos y luego registrar todos los contratos correspondientes. Esto habría garantizado la legalidad del uso de los contenidos y evitado posibles problemas legales.

---

10. Medidas para la utilización de forma legal de los recursos multimedia

El uso legal de recursos multimedia implica seguir una serie de medidas y buenas prácticas que aseguren que los contenidos que se incorporan en productos digitales o editoriales se utilicen respetando los derechos de autor y las licencias vigentes. Estas medidas protegen a los titulares de los derechos y previenen conflictos legales y sanciones para los usuarios.

Entre las principales medidas para el uso legal de los recursos multimedia se encuentran:

1. **Revisión de licencias:** antes de utilizar cualquier contenido multimedia, es fundamental revisar las licencias que rigen su uso. Esto incluye verificar si el contenido es de **dominio público,** está bajo una **licencia abierta** como las **Creative Commons** o si requiere de una **licencia comercial.**
2. **Adquisición de derechos:** si el contenido no es de libre uso, se debe obtener una licencia de uso. Esto puede implicar la compra de la licencia a través de plataformas comerciales, como ***Shutterstock*** o ***Adobe Stock,*** o negociar directamente con el autor o el titular de los derechos.
3. **Reconocimiento de la autoría:** en muchos casos, incluso cuando se ha adquirido una licencia para el uso de un contenido, es obligatorio reconocer al autor original. Esto es especialmente importante en licencias abiertas, como las Creative Commons, que pueden exigir que se atribuya correctamente la obra.
4. **Uso adecuado según la licencia:** cada licencia establece límites claros sobre el uso permitido de los contenidos. Algunas licencias permiten

solo el uso personal o no comercial, mientras que otras pueden permitir modificaciones o la creación de obras derivadas. Es esencial respetar estas restricciones para evitar infringir los derechos de autor.

5. **Monitorización de uso:** las empresas que utilizan gran cantidad de contenidos multimedia deben llevar un **registro** de los recursos utilizados y sus correspondientes licencias para evitar el uso no autorizado de obras.

El **uso legal** de recursos multimedia no solo afecta a grandes empresas o productoras, sino también a pequeños creadores de contenido en plataformas digitales. Por ejemplo, en plataformas como *YouTube,* el uso de música con derechos de autor sin los permisos adecuados puede derivar en la eliminación del vídeo o en reclamaciones por derechos de autor.

Ejemplo

Un error común es asumir que los recursos disponibles en internet son de libre uso. Incluso las imágenes, vídeos o música accesibles en redes sociales o buscadores están protegidos por derechos de autor, salvo que se indique explícitamente lo contrario.

11. Resumen

Los derechos de uso de contenido multimedia garantizan que el uso, distribución y explotación de elementos creativos, como imágenes, vídeos, música o *software,* se realicen de manera legal y respetuosa con los derechos de los autores. La propiedad intelectual protege estas creaciones a través de diferentes normativas, como los derechos de autor y la propiedad industrial. Dentro de este marco, es esencial diferenciar entre titularidad, que se refiere a quién posee los derechos sobre una obra, y autoría, que identifica a los creadores originales de los contenidos. Los derechos de explotación permiten a los titulares decidir cómo se utilizarán sus obras, ya sea a través de licencias, ventas o alquileres.

Existen diversos tipos de derechos legales aplicables a los contenidos multimedia, tales como las patentes, que protegen invenciones tecnológicas, las licencias, que otorgan permisos para el uso controlado de una obra, y los *royalties,* que son pagos recurrentes derivados de la explotación comercial de contenidos. Además, las especificaciones de explotación determinan los límites de uso de las obras, como la duración, el territorio y los formatos permitidos, y son parte fundamental de cualquier contrato de licencias.

La gestión colectiva de estos derechos es frecuentemente delegada a entidades especializadas, que se encargan de gestionar los acuerdos y recaudar los pagos por el uso de los contenidos. Estas entidades, como la SGAE en España o ASCAP en Estados Unidos, juegan un rol muy importante en la distribución de los *royalties* y en la protección de los derechos de los autores frente a usos no autorizados.

Para garantizar el uso legal de los recursos multimedia, es fundamental contar con una adecuada documentación que detalle las condiciones de uso y los derechos adquiridos, así como implementar medidas para respetar los límites impuestos por las licencias. Entre las mejores prácticas, se incluyen la revisión exhaustiva de las licencias, la adquisición de los derechos correspondientes y el reconocimiento de la autoría cuando sea requerido. El incumplimiento de estas normativas puede derivar en sanciones legales y la pérdida de los derechos de explotación de una obra.

Ejercicios de repaso y autoevaluación

1. **Defina *propiedad intelectual* y explique su importancia en el ámbito de los contenidos multimedia.**

   ____
   ____
   ____
   ____

2. **¿Cuál de las siguientes opciones describe mejor una licencia de uso?**

   a. Permiso para copiar una obra sin restricciones
   b. Acuerdo que permite utilizar una obra en condiciones específicas
   c. Venta de los derechos exclusivos de una obra
   d. Derecho a modificar y distribuir una obra sin limitaciones

3. **Explique la diferencia entre titularidad y autoría en el contexto de los derechos de uso de contenidos multimedia.**

   ____
   ____

4. **¿Qué normativa regula la protección de datos en Europa desde 2018?**

   a. Ley de Propiedad Intelectual
   b. Reglamento General de Protección de Datos (RGPD)
   c. Tratado de la OMPI sobre Derecho de Autor
   d. Convenio de Berna

5. **Verdadero o falso: "Los royalties son una forma de compensación económica que se paga al titular de los derechos por cada uso o explotación de su obra".**

   ☐ Verdadero
   ☐ Falso

6. **¿Qué método es adecuado para proteger una invención técnica en el ámbito multimedia?**

   a. Derechos de autor
   b. Licencias Creative Commons
   c. Patentes
   d. Marcas registradas

7. **Explique qué es la explotación de una obra y dé un ejemplo relacionado con el uso de contenidos multimedia.**

   ____
   ____

8. **Verdadero o falso: "Las licencias Creative Commons permiten el uso de una obra sin ninguna restricción".**

   ☐ Verdadero
   ☐ Falso

9. **Describa los pasos para obtener los derechos legales de uso de una canción para un proyecto multimedia.**

   ____
   ____
   ____
   ____

10. **Mencione tres tipos de licencias y sus características principales.**

   ____
   ____
   ____
   ____

11. ¿A qué riesgos se enfrenta una empresa que no documenta adecuadamente los derechos de uso de los contenidos multimedia?

12. Explique el papel de las entidades de gestión colectiva en la administración de derechos de uso de contenidos multimedia.

13. Verdadero o falso: "Una licencia exclusiva implica que nadie más puede usar la obra, ni siquiera el propio titular de los derechos".

- ☐ Verdadero
- ☐ Falso

14. Describa cómo las licencias Creative Commons pueden facilitar el uso legal de contenidos multimedia.

15. Explique la diferencia entre los derechos morales y los derechos de explotación en la propiedad intelectual.

Bibliografía

Monografías

- OJEDA, N. D.: *Introducción a la multimedia.* México: Red Tercer Milenio, 2012.
- SERNA, S.: *Diseño de interfaces en aplicaciones móviles.* Madrid: Ra-Ma editorial, 2106.

Textos electrónicos, bases de datos y programas informáticos

- Abierto vs cerrado: elegir la arquitectura adecuada para el éxito de la transformación digital, de: <https://tulip.co/es/blog/open-vs-closed-architecture/>.
- Arquitectura de las pantallas, de: <https://medium.com/@formacion-multimedia/5-arquitectura-de-las-pantallas-4916bb4faa74>.
- Arquitectura de *software:* qué es y qué tipos existen, de: <https://openwebinars.net/blog/arquitectura-de-software-que-es-y-que-tipos-existen/>.
- Desarrollo de bocetos/esquemas para el diseño multimedia, de: <https://medium.com/@formacion-multimedia/cap%C3%ADtulo-4-8dc73d85d607>.
- El diseño de la interacción - Los documentos que entregar: diagrama de navegación y guion técnico, de: <https://cv.uoc.edu/UOC/a/moduls/90/90_574b/web/main/m5/c4/3.html>.

- Evaluación de las aplicaciones multimedia: criterios de calidad, de: <https://www.uv.es/bellochc/pdf/pwtic4.pdf>.

- Estructura y diseño de la interfaz de usuario, de: <https://jairogarciarincon.com/clase/los-productos-multimedia-interactivos/estructura-y-diseno-de-la-interfaz-de-usuario>.

- Gestión colectiva, de: <https://www.cultura.gob.es/cultura/propiedadintelectual/la-propiedad-intelectual/preguntas-mas-frecuentes/gestion-colectiva.html>.

- Ingeniería de *software* basada en componentes, de: <https://adrm.github.io/apuntes-cuarto/dbcs/4_diseno.html>.

- Lenguajes de programación: tipos y características, de: <https://www.chakray.com/es/lenguajes-programacion-tipos-caracteristicas/>.

- Licencias del material multimedia, de: <https://formacion.intef.es/tutorizados_2013_2019/pluginfile.php/176883/mod_imscp/content/3/licencias_del_material_multimedia.html>.

- *Open source* vs *propietary*, de: <https://codigoencasa.com/open-source-vs-propietary/#:~:text=%22Entre%20el%20software%20de%20c%C3%B3digo,%C3%A9l%20o%20modificar%20el%20c%C3%B3digo>.

- Propiedad intelectual del *software:* qué es y cómo protegerla, de: <https://cpl.thalesgroup.com/es/software-monetization/protecting-software-intellectual-property>.

- ¿Qué es HMI?, de: <https://becolve.com/blog/que-es-hmi/>.

- ¿Qué es la modularidad en programación?, de: <https://keepcoding.io/blog/que-es-la-modularidad-en-programacion/>.

- ¿Qué modelo de ciclo de vida del *software* es el más adecuado para tu proyecto?, de: <https://intelequia.com/es/blog/post/qu%C3%A9-modelo-de-ciclo-de-vida-del-software-es-el-m%C3%A1s-adecuado-para-tu-proyecto>.